Collection anim
Jean-Paul Brighelli et M

Yasmina Reza
« Art »

Présentation, notes, questions et après-texte établis par

JOCELYNE HUBERT
professeur de Lettres

MAGNARD

Sommaire

PRÉSENTATION
Biographie de Yasmina Reza :
« Au cœur même de la fêlure » 5
Contexte historique et artistique 7
L'œuvre de Yasmina Reza 10

« *ART* »
Texte intégral 13

Après-texte

POUR COMPRENDRE
Étapes 1 à 11 (questions) 84

GROUPEMENT DE TEXTES
Le goût des autres 106

INFORMATION / DOCUMENTATION
Bibliographie, filmographie, Internet, visite 121

BIOGRAPHIE DE YASMINA REZA :
« AU CŒUR MÊME DE LA FÊLURE »

Yasmina Reza, née en 1959 d'une mère hongroise et d'un père russe d'origine iranienne, est un auteur français connu dans le monde entier grâce à ses pièces de théâtre qui allient la légèreté du ton à la gravité du propos : solitude rédhibitoire de l'être humain et vanité des entreprises humaines.

Sa première pièce, *Conversations après un enterrement*, écrite en 1983-1984, jouée en 1987, lui fait obtenir sa première récompense littéraire et marque le début de sa collaboration avec Patrice Kerbrat, qui montera aussi ses autres pièces : *La Traversée de l'hiver* (1989), *« Art »* (1994) et *Trois versions de la vie* (2001), pièce dans laquelle elle interprète elle-même brillamment l'un des rôles (Inès). Au cours de cette décennie, elle aura écrit également des récits autobiographiques *(Hammerklavier)*, deux romans *(Une désolation* et *Adam Haberberg*, publié en janvier 2003*)*, un scénario de film *(Le Pique-Nique de Lulu Kreutz)* interprété notamment par Philippe Noiret et Niels Arestrup, tandis que *L'Homme du hasard* est joué à New York, *Trois versions de la vie* au National Theatre à Londres et à Vienne, dans une mise en scène de Luc Bondy, qui juge le théâtre de Reza « moderne, réaliste, provocant… et pas toujours agréable »[1].

Ce théâtre, aujourd'hui adapté dans plus de trente-cinq langues, joué et publié dans le monde entier, est écrit dans un style

---

1. Entretien paru dans *Le Point*, 2 février 2001.

original que Yasmina Reza dit venir de ses origines : « Je ne crois pas écrire comme une Française, j'utilise des raccourcis, des formules très elliptiques, qui viennent de ce maniement étrange de la langue que l'on pratiquait autour de moi, cette façon de dire les choses indirectement, cet humour… »[1] Vient sans doute également du milieu familial ce goût pour la musique que l'on reconnaît à l'importance accordée aux « silences » entre les mots, silences musicaux, pleins de non-dits et de sous-entendus, qui donnent à ce théâtre son rythme et sa retenue.

---

1. Entretien paru dans *L'Express*, 10 avril 2002.

CONTEXTE HISTORIQUE ET ARTISTIQUE

Histoire politique

Le XXᵉ siècle est un siècle de guerres qui diffèrent de celles du siècle précédent par leur ampleur (plus de 8 millions de morts en Europe pendant la guerre de 1914-1918) et par la gravité de leurs répercussions économiques et psychologiques : ruptures de l'équilibre géopolitique et des mentalités, confrontées successivement à des guerres mondiales, coloniales, à l'Holocauste, aux génocides et aux massacres en tout genre. Le dernier quart du siècle n'échappe pas à ce noir constat. Le printemps 1975 marque la victoire des Khmers rouges au Cambodge et le début d'un génocide qui allait faire près de 2 millions de morts. Le printemps 1994 voit, au Rwanda, le début du génocide des Tutsis par les Hutus, évalué à plus de 800 000 morts ; tandis que se poursuit la purification ethnique de la Bosnie-Herzégovine commencée deux ans plus tôt : le 5 février 1994, un obus serbe tombe sur un marché du centre-ville à Sarajevo et fait 80 morts et 200 blessés. Le même mois, une soixantaine de Palestiniens périssent à Hébron, dans un massacre perpétré par des colons juifs, rompant la paix succédant à l'Intifada (1987-1993). En Algérie, la guerre civile continue (80 000 morts environ jusqu'en 1996). On n'en finirait pas d'énumérer les conflits meurtriers, en Irak, en Afghanistan (900 000 morts au cours de la guerre contre l'URSS, de 1979 à 1989). La chute du Mur de Berlin en 1989, mettant fin à la « guerre froide » entre les blocs de l'Est et de l'Ouest, entraîne une recomposition des alliances politiques et la multiplication des revendications autonomistes (Tchétchénie, en guerre contre la Russie, depuis 1994).

Histoire littéraire

La littérature se fait évidemment l'écho de l'histoire politique : les romans de Marcel Proust témoignent des bouleversements sociaux de la Belle Époque, de la naissance de l'Art moderne (peinture et musique) et des répercussions de l'affaire Dreyfus (1894-1906) sur la vie politique de la IIIe République… Ceux d'Ahmadou Kourouma (prix Renaudot 2000 pour *Allah n'est pas obligé*) rendent compte de l'horreur des massacres en Afrique occidentale. L'effet de réel est encore plus flagrant au théâtre, qui donne chair aux cauchemars de l'histoire. Là où les auteurs du début du siècle s'inspiraient de la mythologie (Giraudoux) pour représenter l'homme aux prises avec la *machine infernale* du destin (Cocteau), les dramaturges d'après-guerre mettent en scène les angoisses d'êtres humains prisonniers de leur condition « absurde » (Beckett, Ionesco). Le plus violent parmi eux, Jean Genet, s'inspire directement de faits divers sanglants (*Les Bonnes*, 1947) ou d'épisodes historiques (la guerre d'Algérie dans *Les Paravents*, 1961) pour dénoncer l'oppression sous toutes ses formes. C'est à cette lignée qu'appartiennent Bernard-Marie Koltès (1948-1989), révélation de cette fin de siècle (*Combat de nègre et de chiens*, 1979 ; *Roberto Zucco*, 1991, posthume) et l'Anglais Edward Bond dont la dernière pièce, *Le Crime du XXIe siècle* (2001), marque l'aboutissement d'un cycle consacré aux guerres contemporaines.

Histoire de l'Art

« Effet de réel » ne signifie pas « réalisme ». Si la littérature répercute le fracas du monde, elle le fait dans des formes éclatées qui renouvèlent les genres : composition polyphonique (Sartre, Malraux, Perec), remise en cause du statut du narrateur (tout le « nouveau roman ») et introduction du style parlé (Joyce, Queneau). Le roman va moins loin que la poésie dans l'invention d'un nouveau langage (« révolution surréaliste ») et la poésie moins loin que la musique et la peinture. Celle-ci connaît, avec le cubisme (Picasso, Braque, 1912-1914), le suprématisme (Malevitch, *Carré blanc sur fond blanc*, 1918), la peinture gestuelle (*action painting* pour Pollock et Rosenberg, vers 1950), voire conceptuelle (mouvement Fluxus, 1961-1965), une remise en question fondamentale, non seulement de la finalité figurative (imitation de la nature) mais de la spécificité du support (introduction de matériaux divers) et du statut même de l'œuvre d'art (les *ready-made* de Duchamp)[1]. De là naissent les questions dont débattent les personnages de Yasmina Reza dans « *Art* ». Qu'est-ce qu'une œuvre d'art ? Qu'est-ce qui en fait le « prix » ? Qui décide que tel ou tel tableau est une « croûte » ? Pourquoi un tableau « monochrome blanc » serait-il plus « moderne » qu'un paysage « hypo-flamand » ? Qu'y a-t-il de tellement sacré dans l'œuvre d'art qu'on ne puisse supporter que « l'Autre » ne partage pas le même goût ?

---

1. Il va sans dire que, l'histoire du cinéma se confondant avec celle du siècle, elle reflète tous les bouleversements évoqués dans les autres domaines artistiques.

Présentation

L'ŒUVRE DE YASMINA REZA

La carrière de Yasmina Reza est révélatrice d'un paysage théâtral complètement recomposé. Pendant près d'un demi-siècle, théâtre « littéraire » et théâtre de boulevard se sont affrontés sur des territoires distincts : le premier dans les salles subventionnées de Paris, de banlieue parisienne ou de province ; le second dans les salles de théâtres privés (*cf.* Étape 3), se déplaçant ensuite en tournées. Ce cloisonnement tend à disparaître, le théâtre de Yasmina Reza le prouve, naviguant de scènes privées à scènes publiques.

Une autre frontière tend à disparaître : la spécialisation des metteurs en scène dans un type de répertoire. Les successeurs de Jean Vilar, premier directeur du TNP (1951-1963) et créateur du Festival d'Avignon, ont diversifié leur travail d'adaptation ou de création. Roger Planchon n'a pas dédaigné le boulevard (Pinter) quand il montait des pièces classiques (Molière), Patrice Chéreau a commencé avec Labiche, continué avec Marivaux, et « osé » choisir la « diva du boulevard », Jacqueline Maillan, pour interpréter Koltès et Jane Birkin pour dire Marivaux. D'autres metteurs en scène de la même époque (années 1970 à 1990) sont restés fidèles aux lieux et à l'alternance des genres avec une troupe permanente : Antoine Vitez (mort en 1989) à Ivry, Ariane Mnouchkine à la Cartoucherie (depuis 1970), Peter Brook aux Bouffes du Nord (depuis 1974). Il suffit de parcourir un programme de théâtre parisien aujourd'hui pour constater l'assouplissement des étiquettes collées aux auteurs, aux metteurs en scène et aux comédiens. Patrice Kerbrat, metteur en scène attitré de Yasmina Reza à Paris, a travaillé pour Marguerite Duras (*L'Amante anglaise*, 1999).

On remarque également un noyau de femmes tentées par la dramaturgie. Après Duras, Claude Sarraute, Yannick Bellon (dans les années 1970-1980), c'est au tour de Yasmina Reza, Véronique Olmi, Léa Fazer, Zabou Breitman *(Se souvenir des belles choses*[1]*)* de s'approprier la parole de théâtre au lieu de se contenter de l'interpréter. Il ne s'agit pas d'un « théâtre de femmes ». Rien de nombriliste dans ces pièces dont les personnages centraux sont plutôt des hommes, souvent « vieux », sans pour autant qu'il s'agisse d'une projection de maris ou de pères disparus.

Yasmina Reza explique ce choix ainsi : « L'être vieillissant est beaucoup plus fascinant, le devenir social est derrière soi, on a relativisé […] l'organisation des dernières années… Voilà qui est passionnant à regarder et à écrire »[2]. Serge, Marc et Yvan n'en sont pas à leurs dernières années, mais ont déjà derrière eux un « devenir social » que la discussion sur le tableau blanc révèle progressivement. On n'est jamais très loin de l'éthique quand on parle d'esthétique et l'appartenance d'« *Art* » au genre de la comédie de mœurs ne fait aucun doute (*cf.* Étapes 3-5 et 11), qu'il s'agisse des thèmes abordés ou de la façon dont les dialogues font progresser l'action sans intervention extérieure au trio (*cf.* Étapes 1, 7 et 10). La pièce est typique de la spécificité du texte théâtral (*cf.* Étapes 2, 6, 8 et 9) dont Yasmina Reza joue en virtuose.

---

1. *Se souvenir des belles choses*, film avec Isabelle Carré et Bernard Campan.
2. Entretien paru dans *L'Express* du 10 avril 2002.

Yasmina Reza
« Art »

PERSONNAGES
MARC
SERGE
YVAN

Le salon d'un appartement.
Un seul décor. Le plus dépouillé, le plus neutre possible.
Les scènes se déroulent successivement chez Serge, Yvan et Marc.
Rien ne change, sauf l'œuvre de peinture exposée.

Marc, seul.

MARC : Mon ami Serge a acheté un tableau.

C'est une toile d'environ un mètre soixante sur un mètre vingt, peinte en blanc. Le fond est blanc et si on cligne des
5 yeux, on peut apercevoir de fins liserés blancs transversaux.

Mon ami Serge est un ami depuis longtemps.

C'est un garçon qui a bien réussi, il est médecin dermatologue et il aime l'*art*.

Lundi, je suis allé voir le tableau que Serge avait acquis
10 samedi mais qu'il convoitait depuis plusieurs mois.

Un tableau blanc, avec des liserés blancs.

*

Chez Serge.
Posée à même le sol, une toile blanche, avec de fins liserés blancs transversaux.
15 *Serge regarde, réjoui, son tableau.*
Marc regarde le tableau.
Serge regarde Marc qui regarde le tableau.
Un long temps où tous les sentiments se traduisent sans mot.

MARC : Cher ?

20 SERGE : Deux cent mille.

MARC : Deux cent mille ?...

SERGE : Handtington me le reprend à vingt-deux.

MARC : Qui est-ce ?

SERGE : Handtington ? !

25 MARC : Connais pas.

SERGE : Handtington ! La galerie Handtington !

MARC : La galerie Handtington te le reprend à vingt-deux ?...

SERGE : Non, pas la galerie. Lui. Handtington lui-même. Pour lui.

30 MARC : Et pourquoi ce n'est pas Handtington qui l'a acheté ?

SERGE : Parce que tous ces gens ont intérêt à vendre à des particuliers. Il faut que le marché circule.

MARC : Ouais...

SERGE : Alors ?

35 MARC : ...

SERGE : Tu n'es pas bien là. Regarde-le d'ici. Tu aperçois les lignes ?

MARC : Comment s'appelle le...

SERGE : Peintre. Antrios.

40 MARC : Connu ?

SERGE : Très. Très !

Un temps.

MARC : Serge, tu n'as pas acheté ce tableau deux cent mille francs ?

45 SERGE : Mais mon vieux, c'est le prix. C'est un ANTRIOS !

MARC : Tu n'as pas acheté ce tableau deux cent mille francs !

SERGE : J'étais sûr que tu passerais à côté.

MARC : Tu as acheté cette merde deux cent mille francs ? !

*

Serge, comme seul.

50 SERGE : Mon ami Marc, qui est un garçon intelligent, garçon que j'estime depuis longtemps, belle situation, ingénieur dans l'aéronautique, fait partie de ces intellectuels, nouveaux, qui, non contents d'être ennemis de la modernité en tirent une vanité incompréhensible.

55 Il y a depuis peu, chez l'adepte du bon vieux temps, une arrogance vraiment stupéfiante.

*

Les mêmes.
Même endroit.
Même tableau.

60 SERGE *(après un temps)* :... Comment peux-tu dire « cette merde » ?

MARC : Serge, un peu d'humour ! Ris !... Ris, vieux, c'est prodigieux que tu aies acheté ce tableau !

Marc rit.

65 *Serge reste de marbre.*

SERGE : Que tu trouves cet achat prodigieux tant mieux, que ça te fasse rire, bon, mais je voudrais savoir ce que tu entends par « cette merde ».

MARC : Tu te fous de moi !

SERGE : Pas du tout. « Cette merde » par rapport à quoi ? Quand on dit telle chose est une merde, c'est qu'on a un critère de valeur pour estimer cette chose.

MARC : À qui tu parles ? À qui tu parles en ce moment ? Hou hou !...

SERGE : Tu ne t'intéresses pas à la peinture contemporaine, tu ne t'y es jamais intéressé. Tu n'as aucune connaissance dans ce domaine, donc comment peux-tu affirmer que tel objet, obéissant à des lois que tu ignores, est une merde ?

MARC : C'est une merde. Excuse-moi.

*

Serge, seul.

SERGE : Il n'aime pas le tableau.

Bon...

Aucune tendresse dans son attitude.

Aucun effort.

Aucune tendresse dans sa façon de condamner.

Un rire prétentieux, perfide.

Un rire qui sait tout mieux que tout le monde.

J'ai haï ce rire.

*

Marc, seul.

90 MARC : Que Serge ait acheté ce tableau me dépasse, m'inquiète et provoque en moi une angoisse indéfinie.

En sortant de chez lui, j'ai dû sucer trois granules de Gelsémium[1] 9 CH que Paula m'a conseillé – entre parenthèses, elle m'a dit Gelsémium ou Ignatia ? tu préfères
95 Gelsémium ou Ignatia ? est-ce que je sais moi ?! – car je ne peux absolument pas comprendre comment Serge, qui est un ami, a pu acheter cette toile.

Deux cent mille francs !

Un garçon aisé mais qui ne roule pas sur l'or.

100 Aisé sans plus, aisé bon. Qui achète un tableau blanc vingt briques[2]. Je dois m'en référer à Yvan qui est notre ami commun, en parler avec Yvan. Quoique Yvan est un garçon tolérant, ce qui en matière de relations humaines est le pire défaut.

Yvan est tolérant parce qu'il s'en fout.

105 Si Yvan tolère que Serge ait pu acheter une merde blanche vingt briques, c'est qu'il se fout de Serge.

C'est clair.

---

1. Granules homéopathiques contre l'anxiété (*cf.* note 1, p. 39).
2. Millions (argotique). Ici, Marc parle en anciens francs.

*

Chez Yvan.

Au mur, une croûte[1].

110 *Yvan est de dos à quatre pattes.*

Il semble chercher quelque chose sous un meuble.

Dans l'action, il se retourne pour se présenter.

YVAN : Je m'appelle Yvan.

Je suis un peu tendu car après avoir passé ma vie dans le tex-
115 tile, je viens de trouver un emploi de représentant dans une
papeterie en gros.

Je suis un garçon sympathique. Ma vie professionnelle a toujours été un échec et je vais me marier dans quinze jours avec
une gentille fille brillante et de bonne famille.

120 *Entre Marc.*

Yvan est à nouveau de dos en train de chercher.

MARC : Qu'est-ce que tu fais ?

YVAN : Je cherche le capuchon de mon feutre.

Un temps.

125 MARC : Bon ça suffit.

YVAN : Je l'avais il y a cinq minutes.

MARC : Ce n'est pas grave.

YVAN : Si.

Marc se baisse pour chercher avec lui.

130 *Ils cherchent tous deux pendant un instant.*

---

1. Mauvais tableau (familier) par synecdoque de la matière (couche de peinture) pour l'objet (le tableau).

Marc se redresse.

MARC : Arrête. Tu en achèteras un autre.

YVAN : Ce sont des feutres exceptionnels, tu peux dessiner sur
toutes les matières avec... Ça m'énerve. Si tu savais comme les
135 objets m'énervent. Je serrais ce capuchon, il y a cinq minutes.

MARC : Vous allez vous installer ici ?...

YVAN : Tu trouves bien pour un jeune couple ?

MARC : Un jeune couple ! Ah ! Ah !

YVAN : Évite ce rire devant Catherine.

140 MARC : La papeterie ?

YVAN : Bien. J'apprends.

MARC : Tu as maigri.

YVAN : Un peu. Ça m'emmerde de ne pas avoir trouvé ce
capuchon, il va sécher maintenant. Assieds-toi.

145 MARC : Si tu continues à chercher ce capuchon, je m'en vais.

YVAN : OK, j'arrête. Tu veux boire quelque chose ?

MARC : Un Perrier, si tu as.

Tu as vu Serge ces derniers jours ?

YVAN : Pas vu. Et toi ?

150 MARC : Vu hier.

YVAN : En forme ?

MARC : Très.

Il vient de s'acheter un tableau.

YVAN : Ah bon ?

155 MARC : Mmm.

YVAN : Beau ?

MARC : Blanc.

YVAN : Blanc ?

MARC : Blanc.

160 Représente-toi une toile d'environ un mètre soixante sur un mètre vingt... fond blanc... entièrement blanc... en diagonale, de fines rayures transversales blanches... tu vois... et peut-être une ligne horizontale blanche en complément, vers le bas...

YVAN : Comment tu les vois ?

165 MARC : Pardon ?

YVAN : Les lignes blanches. Puisque le fond est blanc, comment tu vois les lignes ?

MARC : Parce que je les vois. Parce que mettons que les lignes soient légèrement grises, ou l'inverse, enfin il y a des nuances 170 dans le blanc ! Le blanc est plus ou moins blanc !

YVAN : Ne t'énerve pas. Pourquoi tu t'énerves ?

MARC : Tu cherches tout de suite la petite bête.

Tu ne me laisses pas finir !

YVAN : Bon. Alors ?

175 MARC : Bon. Donc, tu vois le tableau.

YVAN : Je vois.

MARC : Maintenant tu vas deviner combien Serge l'a payé.

YVAN : Qui est le peintre ?

MARC : Antrios. Tu connais ?

180 YVAN : Non. Il est coté ?

MARC : J'étais sûr que tu poserais cette question !

YVAN : Logique...

MARC : Non, ce n'est pas logique...

YVAN : C'est logique, tu me demandes de deviner le prix, tu
185 sais bien que le prix est en fonction de la cote du peintre...

MARC : Je ne te demande pas d'évaluer ce tableau en fonction
de tel ou tel critère, je ne te demande pas une évaluation professionnelle, je te demande ce que toi Yvan, tu donnerais pour
un tableau blanc agrémenté de quelques rayures transversales
190 blanc cassé.

YVAN : Zéro centime.

MARC : Bien. Et Serge ? Articule un chiffre au hasard.

YVAN : Dix mille.

MARC : Ah ! ah !

195 YVAN : Cinquante mille.

MARC : Ah ! ah !

YVAN : Cent mille...

MARC : Vas-y...

YVAN : Quinze... Vingt ? !...

200 MARC : Vingt. Vingt briques.

YVAN : Non ? !

MARC : Si.

YVAN : Vingt briques ? ? !

MARC : ... Vingt briques.

205 YVAN : ... Il est dingue !...

MARC : N'est-ce pas ?

Léger temps.

YVAN : Remarque...

MARC : ... Remarque quoi ?

210 YVAN : Si ça lui fait plaisir... Il gagne bien sa vie...

MARC : C'est comme ça que tu vois les choses, toi.

YVAN : Pourquoi ? Tu les vois comment, toi ?

MARC : Tu ne vois pas ce qui est grave là-dedans ?

YVAN : Heu... Non...

215 MARC : C'est curieux que tu ne voies pas l'essentiel dans cette histoire. Tu ne perçois que l'extérieur. Tu ne vois pas ce qui est grave.

YVAN : Qu'est-ce qui est grave ?

MARC : Tu ne vois pas ce que ça traduit ?

220 YVAN : ... Tu veux des noix de cajou ?

MARC : Tu ne vois pas que subitement, de la façon la plus grotesque qui soit, Serge se prend pour un « collectionneur ».

YVAN : Hun, hun...

MARC : Désormais, notre ami Serge fait partie du Gotha[1] des

225 grands amateurs d'art.

YVAN : Mais non !...

MARC : Bien sûr que non. À ce prix-là, on ne fait partie de rien, Yvan. Mais lui, le croit.

YVAN : Ah oui...

230 MARC : Ça ne te gêne pas ?

YVAN : Non. Si ça lui fait plaisir.

MARC : Qu'est-ce que ça veut dire, si ça lui fait plaisir ? ! Qu'est-ce que c'est que cette philosophie du *si ça lui fait plaisir* ? !

YVAN : Dès l'instant qu'il n'y a pas de préjudice pour autrui...

---

1. Ensemble de personnalités célèbres du monde politique ou culturel, par analogie avec l'almanach de Gotha (ville allemande) qui recensait les familles aristocratiques.

235 MARC : Mais il y a un préjudice pour autrui ! Moi je suis perturbé mon vieux, je suis perturbé et je suis même blessé, si, si, de voir Serge, que j'aime, se laisser plumer par snobisme et ne plus avoir un gramme de discernement.

240 YVAN : Tu as l'air de le découvrir. Il a toujours hanté les galeries de manière ridicule, il a toujours été un rat d'exposition[1]...

MARC : Il a toujours été un rat mais un rat avec qui on pouvait rire. Car vois-tu, au fond, ce qui me blesse réellement, c'est qu'on ne peut plus rire avec lui.

YVAN : Mais si !

245 MARC : Non !

YVAN : Tu as essayé ?

MARC : Bien sûr. J'ai ri. De bon cœur. Que voulais-tu que je fasse ? Il n'a pas desserré les dents. Vingt briques, c'est un peu cher pour rire, remarque.

250 YVAN : Oui.

(Ils rient.)

Avec moi, il rira.

MARC : M'étonnerait. Donne encore des noix.

YVAN : Il rira, tu verras.

*

255 *Chez Serge.*

Serge est avec Yvan. On ne voit pas le tableau.

SERGE : ... Et avec les beaux-parents, bons rapports ?

---

1. Dérivation cocasse de l'image « rat de bibliothèque » désignant un habitué de ces lieux.

YVAN : Excellents. Ils se disent c'est un garçon qui a été d'emploi précaire en emploi précaire, maintenant il va tâtonner dans le vélin[1]... J'ai un truc sur la main là, c'est quoi ?...

(Serge l'ausculte.)... C'est grave ?

SERGE : Non.

YVAN : Tant mieux. Quoi de neuf ?...

SERGE : Rien. Beaucoup de travail. Fatigué.

Ça me fait plaisir de te voir. Tu ne m'appelles jamais.

YVAN : Je n'ose pas te déranger.

SERGE : Tu plaisantes. Tu laisses ton nom à la secrétaire et je te rappelle tout de suite.

YVAN : Tu as raison.

De plus en plus monacal[2] chez toi...

SERGE *(il rit)* : Oui !...

Tu as vu Marc récemment ?

YVAN : Non, pas récemment.

Tu l'as vu toi ?

SERGE : Il y a deux, trois jours.

YVAN : Il va bien ?

SERGE : Oui. Sans plus.

YVAN : Ah bon ?!

SERGE : Non, mais il va bien.

YVAN : Je l'ai eu au téléphone il y a une semaine, il avait l'air bien.

---

1. Papier blanc et de pâte plus fine que le parchemin ordinaire, par analogie avec le cuir de veau (*veel*, qui a donné « vélin »).
2. Dépouillé, austère comme la cellule d'un moine.

SERGE : Oui, oui, il va bien.

YVAN : Tu avais l'air de dire qu'il n'allait pas très bien.

SERGE : Pas du tout, je t'ai dit qu'il allait bien.

285 YVAN : Tu as dit, sans plus.

SERGE : Oui, sans plus. Mais il va bien.

Un long temps.
Yvan erre dans la pièce...

YVAN : Tu es sorti un peu ? Tu as vu des choses ?

290 SERGE : Rien. Je n'ai plus les moyens de sortir.

YVAN : Ah bon ?

SERGE *(gaiement)* : Je suis ruiné.

YVAN : Ah bon ?

SERGE : Tu veux voir quelque chose de rare ? Tu veux ?

295 YVAN : Et comment ! Montre !

Serge sort et revient dans la pièce avec l'Antrios qu'il retourne et dispose devant Yvan.

Yvan regarde le tableau et curieusement ne parvient pas à rire de bon cœur comme il l'avait prévu.

300 *Après un long temps où Yvan observe le tableau et où Serge observe Yvan.*

YVAN : Ah oui. Oui, oui.

SERGE : Antrios.

YVAN : Oui, oui.

305 SERGE : Antrios des années soixante-dix. Attention. Il a une période similaire aujourd'hui, mais celui-là c'est un de soixante-dix.

YVAN : Oui, oui.

Cher ?

310 SERGE : Dans l'absolu, oui. En réalité, non.
Il te plaît ?

YVAN : Ah oui, oui, oui.

SERGE : Évident.

YVAN : Évident, oui... Oui... Et en même temps...

315 SERGE : Magnétique.

YVAN : Mmm... Oui...

SERGE : Et là, tu n'as pas la vibration.

YVAN : ... Un peu...

SERGE : Non, non. Il faudrait que tu viennes à midi. La vibra-
320 tion du monochrome, on ne l'a pas en lumière artificielle.

YVAN : Hun, hun.

SERGE : Encore qu'on ne soit pas dans le monochrome !

YVAN : Non !...

Combien ?

325 SERGE : Deux cent mille.

YVAN : ... Eh oui.

SERGE : Eh oui.

Silence.
Subitement Serge éclate de rire, aussitôt suivi par Yvan.
330 *Tous deux s'esclaffent de très bon cœur.*

SERGE : Dingue, non ?

YVAN : Dingue !

SERGE : Vingt briques !

Ils rient de très bon cœur.

335 *S'arrêtent. Se regardent.*

Repartent.

Puis s'arrêtent.

Une fois calmés :

SERGE : Tu sais que Marc a vu ce tableau.

YVAN : Ah bon ?

SERGE : Atterré.

YVAN : Ah bon ?

SERGE : Il m'a dit que c'était une merde. Terme complètement inapproprié.

YVAN : C'est juste.

SERGE : On ne peut pas dire que c'est une merde.

YVAN : Non.

SERGE : On peut dire, je ne vois pas, je ne saisis pas, on ne peut pas dire « c'est une merde ».

YVAN : Tu as vu chez lui.

SERGE : Rien à voir.

Chez toi aussi c'est... enfin je veux dire, tu t'en fous.

YVAN : Lui c'est un garçon classique, c'est un homme classique, comment veux-tu...

SERGE : Il s'est mis à rire d'une manière sardonique[1]. Sans l'ombre d'un charme... Sans l'ombre d'un humour.

YVAN : Tu ne vas pas découvrir aujourd'hui que Marc est impulsif.

SERGE : Il n'a pas d'humour. Avec toi, je ris. Avec lui, je suis glacé.

---

1. Moqueuse et méchante.

YVAN : Il est un peu sombre en ce moment, c'est vrai.

SERGE : Je ne lui reproche pas de ne pas être sensible à cette peinture, il n'a pas l'éducation pour, il y a tout un apprentissage qu'il n'a pas fait, parce qu'il n'a jamais voulu le faire ou parce qu'il n'avait pas de penchant particulier, peu importe, ce que je lui reproche c'est son ton, sa suffisance, son absence de tact.

Je lui reproche son indélicatesse. Je ne lui reproche pas de ne pas s'intéresser à l'Art contemporain, je m'en fous, je l'aime au-delà...

YVAN : Lui aussi !...

SERGE : Non, non, non, non, j'ai senti chez lui l'autre jour une sorte... une sorte de condescendance... de raillerie aigre...

YVAN : Mais non !

SERGE : Mais si ! Ne sois pas toujours à essayer d'aplanir les choses. Cesse de vouloir être le grand réconciliateur du genre humain ! Admets que Marc se nécrose. Car Marc se nécrose[1].

Silence.

*

Chez Marc.

Au mur, un tableau figuratif[2] représentant un paysage vu d'une fenêtre.

YVAN : On a ri.

---

1. Présente des marques d'altération psychologique, de décomposition mentale annonçant une « mort » prochaine. Métaphore médicale (Serge est dermatologue).
2. Représentant un objet (ici, un paysage), par opposition au non-figuratif (le tableau blanc).

MARC : Tu as ri ?

[I swear it to you]

YVAN : On a ri. Tous les deux. On a ri. Je te le jure sur la tête de Catherine, on a ri ensemble tous les deux.

385 MARC : Tu lui as dit que c'était une merde et vous avez ri.

YVAN : Non, je ne lui ai pas dit que c'était une merde, on a ri spontanément.

MARC : Tu es arrivé, tu as vu le tableau et tu as ri. Et lui a ri aussi.

390 YVAN : Oui. Si tu veux. Après deux, trois mots c'est comme ça que ça s'est passé.

MARC : Et il a ri de bon cœur.

YVAN : De très bon cœur.

MARC : Eh bien tu vois je me suis trompé. Tant mieux. Tu

[I was mistaken]

395 me rassures, vraiment.

YVAN : Et je vais même te dire mieux. C'est Serge qui a ri le premier.

MARC : C'est Serge qui a ri le premier...

YVAN : Oui.

400 MARC : Il a ri et toi tu as ri après.

YVAN : Oui.

MARC : Mais lui, pourquoi il a ri ?

YVAN : Il a ri parce qu'il a senti que j'allais rire. Il a ri pour me mettre à l'aise, si tu veux.

405 MARC : Ça ne vaut rien s'il a ri en premier.

S'il a ri en premier, c'est pour désamorcer ton rire.

[defuse]

Ça ne signifie pas qu'il riait de bon cœur.

YVAN : Il riait de bon cœur.

MARC : Il riait de bon cœur mais pas pour la bonne raison.

410 YVAN : C'est quoi déjà la bonne raison ? J'ai un trouble.

MARC : Il ne riait pas du ridicule de son tableau, vous ne riiez pas lui et toi pour les mêmes raisons, toi tu riais du tableau et lui riait pour te plaire, pour se mettre à ton diapason, pour te montrer qu'en plus d'être un esthète[1] qui peut investir sur un

415 tableau ce que tu ne gagnes pas toi en un an, il reste ton vieux pote iconoclaste[2] avec qui on se marre.

YVAN : Hun, hun... *(Un petit silence.) Tu sais...*

MARC : Oui...

YVAN : Tu vas être étonné...

420 MARC : Oui...

YVAN : Je n'ai pas aimé... mais je n'ai pas détesté ce tableau.

MARC : Bien sûr. On ne peut pas détester l'invisible, on ne déteste pas le rien.

YVAN : Non, non, il y a quelque chose...

425 MARC : Qu'est-ce qu'il y a ?

YVAN : Il y a quelque chose. Ce n'est pas rien.

MARC : Tu plaisantes ?

YVAN : Je ne suis pas aussi sévère que toi. C'est une œuvre, il y a une pensée derrière ça.

430 MARC : Une pensée !

YVAN : Une pensée.

MARC : Et quelle pensée ?

---

1. Amateur de beauté formelle (légèrement péjoratif).
2. Vandale hostile aux traditions, par analogie avec les briseurs d'images (icônes).

YVAN : C'est l'accomplissement d'un cheminement...

MARC : Ah ! ah ! ah !

YVAN : Ce n'est pas un tableau fait par hasard, c'est une œuvre qui s'inscrit à l'intérieur d'un parcours...

MARC : Ah ! ah ! ah !

YVAN : Ris. Ris.

MARC : Tu répètes toutes les conneries de Serge ! Chez lui, c'est navrant mais chez toi, c'est d'un comique !

YVAN : Tu sais Marc, tu devrais te méfier de ta suffisance. Tu deviens aigri et antipathique.

MARC : Tant mieux. Plus je vais, plus je souhaite déplaire.

YVAN : Bravo.

MARC : Une pensée !

YVAN : On ne peut pas parler avec toi.

MARC : ... Une pensée derrière ça !... Ce que tu vois est une merde mais rassure-toi, rassure-toi, il y a une pensée derrière !... Tu crois qu'il y a une pensée derrière ce paysage ?... *(Il désigne le tableau accroché chez lui.)*... Non, hein ? Trop évocateur. Trop dit. Tout est sur la toile ! Il ne peut pas y avoir de pensée !...

YVAN : Tu t'amuses, c'est bien.

MARC : Yvan, exprime-toi en ton nom. Dis-moi les choses comme tu les ressens, toi.

YVAN : Je ressens une vibration.

MARC : Tu ressens une vibration ?...

YVAN : Tu nies que je puisse apprécier en mon nom ce tableau !

MARC : Évidemment.

460   YVAN : Et pourquoi ?

MARC : Parce que je te connais. Parce que outre tes égarements d'indulgence, tu es un garçon sain.

YVAN : On ne peut pas en dire autant te concernant.

MARC : Yvan, regarde-moi dans les yeux.

465   YVAN : Je te regarde.

MARC : Tu es ému par le tableau de Serge ?

YVAN : Non.

MARC : Réponds-moi. Demain, tu épouses Catherine et tu reçois en cadeau de mariage ce tableau.

470   Tu es content ?

Tu es content ?...

*

Yvan, seul.

YVAN : Bien sûr que je ne suis pas content.

Je ne suis pas content mais d'une manière générale, je ne suis
475 pas un garçon qui peut dire, je suis content.

Je cherche... je cherche un événement dont je pourrais dire, de ça je suis content... Es-tu content de te marier ? m'a dit un jour bêtement ma mère, es-tu seulement content de te marier ?... Sûrement, sûrement maman...

480   Comment ça sûrement ? On est content ou on n'est pas content, que signifie sûrement ?...

*

Serge, seul.

SERGE : Pour moi, il n'est pas blanc.

Quand je dis pour moi, je veux dire objectivement.

485 Objectivement, il n'est pas blanc.

Il a un fond blanc, avec toute une peinture dans les gris...

Il y a même du rouge.

On peut dire qu'il est très pâle.

Il serait blanc, il ne me plairait pas.

490 Marc le voit blanc... C'est sa limite...

Marc le voit blanc parce qu'il s'est enferré dans l'idée qu'il était blanc.

Yvan, non. Yvan voit qu'il n'est pas blanc.

Marc peut penser ce qu'il veut, je l'emmerde.

*

495 *Marc, seul.*

MARC : J'aurais dû prendre Ignatia, manifestement.

Pourquoi faut-il que je sois tellement catégorique ?!

Qu'est-ce que ça peut me faire, au fond, que Serge se laisse berner par l'Art contemporain ?...

500 Si, c'est grave. Mais j'aurais pu le lui dire autrement.

Trouver un ton plus conciliant.

Si je ne supporte pas, physiquement, que mon meilleur ami

achète un tableau blanc, je dois au contraire éviter de l'agresser. Je dois lui parler gentiment.

505   Dorénavant, je vais lui dire gentiment les choses...

*

Chez Serge.

SERGE : Tu es prêt à rire ?

MARC : Dis.

SERGE : Yvan a aimé l'Antrios.

510   MARC : Où est-il ?

SERGE : Yvan ?

MARC : L'Antrios.

SERGE : Tu veux le revoir ?

MARC : Montre-le.

515   SERGE : Je savais que tu y viendrais !...

(Il part et revient avec le tableau. Un petit silence de contemplation.)

Yvan a capté[1]. Tout de suite.

MARC : Hun, hun...

520   SERGE : Bon, écoute, on ne va pas s'appesantir sur cette œuvre, la vie est brève... Au fait as-tu lu ça ? *(Il se saisit de* La Vie heureuse *de Sénèque[2] et le jette sur la table basse juste devant Marc.)* Lis-le, chef-d'œuvre.

---

1. Compris (terme argotique du « parler mode » des années 1990).
2. Philosophe romain (4-65 ap. J.-C.), précepteur de Néron qui lui ordonna de se suicider. Sa philosophie, essentiellement morale, le rattache au courant stoïcien, qui prône la quête du bonheur par la maîtrise de soi et le courage face à la douleur.

Marc prend le livre, l'ouvre et le feuillette.

525 SERGE : Modernissime[1]. Tu lis ça, tu n'as plus besoin de lire autre chose. Entre le cabinet, l'hôpital, Françoise qui a décrété que je devais voir les enfants tous les week-ends – nouveauté de Françoise, les enfants ont besoin de leur père – je n'ai plus le temps de lire. Je suis obligé d'aller à l'essentiel.

530 MARC : ... Comme en peinture finalement... Où tu as avantageusement éliminé forme et couleur. Ces deux scories[2].

SERGE : Oui... Encore que je puisse aussi apprécier une peinture plus figurative. Par exemple ton hypo-flamand[3]. Très agréable.

535 MARC : Qu'est-ce qu'il a de flamand ? C'est une vue de Carcassonne.

SERGE : Oui, mais enfin... il a un petit goût flamand... la fenêtre, la vue, le... peu importe, il est très joli.

MARC : Il ne vaut rien, tu sais.

540 SERGE : Ça, on s'en fout !... D'ailleurs, Dieu seul sait combien vaudra un jour l'Antrios !...

MARC : ... Tu sais, j'ai réfléchi. J'ai réfléchi et j'ai changé de point de vue. L'autre jour en conduisant dans Paris, je pensais à toi et je me suis dit : Est-ce qu'il n'y a pas, au fond, une véri-
545 table poésie dans l'acte de Serge ?... Est-ce que s'être livré à cet achat incohérent n'est pas un acte hautement poétique ?

---

1. Superlatif de « moderne » (néologisme) ; hyperbole représentative des fabrications langagières des années 1990.
2. Déchets.
3. « Sous »-flamand (néologisme) ; le préfixe « hypo- » et son contraire « hyper- » sont également caractéristiques du « parler mode ».

SERGE : Comme tu es doux aujourd'hui ! Je ne te reconnais pas.

Tu as pris un petit ton suave, subalterne[1], qui ne te va pas du tout d'ailleurs.

MARC : Non, non, je t'assure, je fais amende honorable[2].

SERGE : Amende honorable pourquoi ?

MARC : Je suis trop épidermique, je suis trop nerveux, je vois les choses au premier degré... Je manque de sagesse, si tu veux.

SERGE : Lis Sénèque.

MARC : Tiens. Tu vois, par exemple là, tu me dis « lis Sénèque » et ça pourrait m'exaspérer. Je serais capable d'être exaspéré par le fait que toi, dans cette conversation, tu me dises « lis Sénèque ». C'est absurde !

SERGE : Non. Non, ce n'est pas absurde.

MARC : Ah bon ? !

SERGE : Non, parce que tu crois déceler...

MARC : Je n'ai pas dit que j'étais exaspéré...

SERGE : Tu as dit que tu pourrais...

MARC : Oui, oui, que je pourrais...

SERGE : Que tu pourrais être exaspéré, et je le comprends. Parce que dans le « lis Sénèque », tu crois déceler une suffisance de ma part. Tu me dis que tu manques de sagesse et moi je te réponds « lis Sénèque », c'est odieux !

MARC : N'est-ce pas !

---

1. Inférieur, soumis.
2. Je demande pardon (métaphore judiciaire).

SERGE : Ceci dit, c'est vrai que tu manques de sagesse, car je n'ai pas dit « lis Sénèque » mais « lis Sénèque ! ».

MARC : C'est juste. C'est juste.

SERGE : En fait, tu manques d'humour, tout bêtement.

575 MARC : Sûrement.

SERGE : Tu manques d'humour Marc. Tu manques d'humour pour de vrai mon vieux. On est tombés d'accord là-dessus avec Yvan l'autre jour, tu manques d'humour. Qu'est-ce qu'il fout celui-là ? Incapable d'être à l'heure, c'est infernal ! On

580 a raté la séance !

MARC : ... Yvan trouve que je manque d'humour ?...

SERGE : Yvan dit comme moi, que ces derniers temps, tu manques un peu d'humour.

MARC : La dernière fois que vous vous êtes vus, Yvan t'a dit

585 qu'il aimait beaucoup ton tableau et que je manquais d'humour...

SERGE : Ah oui, oui, ça, le tableau, beaucoup, vraiment. Et sincèrement... Qu'est-ce que tu manges ?

MARC : Ignatia.

590 SERGE : Tu crois à l'homéopathie[1] maintenant.

MARC : Je ne crois à rien.

SERGE : Tu ne trouves pas qu'Yvan a beaucoup maigri ?

MARC : Elle aussi.

SERGE : Ça les ronge ce mariage.

---

1. Méthode thérapeutique qui consiste à soigner la maladie par de très faibles doses de la même maladie (*homeo* : « semblable »). S'oppose à l'allopathie qui soigne par le recours à d'autres médications.

595   MARC : Oui.

Ils rient.

SERGE : Paula, ça va ?

MARC : Ça va. *(Désignant l'Antrios.)* Tu vas le mettre où ?

SERGE : Pas décidé encore. Là. Là ?... Trop ostentatoire[1].

600   MARC : Tu vas l'encadrer ?

SERGE *(riant gentiment)* : Non !... Non, non...

MARC : Pourquoi ?

SERGE : Ça ne s'encadre pas.

MARC : Ah bon ?

605   SERGE : Volonté de l'artiste. Ça ne doit pas être arrêté.

Il y a un entourage...

(Il fait signe à Marc de venir observer la tranche.)

Viens voir... Tu vois...

MARC : C'est du sparadrap ?

610   SERGE : Non, c'est une sorte de kraft... Confectionné par l'artiste.

MARC : C'est amusant que tu dises l'artiste.

SERGE : Tu veux que je dise quoi ?

MARC : Tu dis l'artiste, tu pourrais dire le peintre ou... com-

615 ment il s'appelle... Antrios...

SERGE : Oui... ?

MARC : Tu dis l'artiste comme une sorte de... enfin bref, ça n'a pas d'importance. Qu'est-ce qu'on voit ? Essayons de voir quelque chose de consistant pour une fois.

---

1. Visible, montré avec une fierté excessive (péjoratif).

620 SERGE : Il est huit heures. On a raté toutes les séances. C'est inimaginable que ce garçon – il n'a rien à foutre, tu es d'accord – soit continuellement en retard ! Qu'est-ce qu'il fout ? !

MARC : Allons dîner.

SERGE : Oui. Huit heures cinq. On avait rendez-vous entre 625 sept et sept heures et demie... Tu voulais dire quoi ? Je dis l'artiste comme quoi ?

MARC : Rien. J'allais dire une connerie.

SERGE : Non, non, dis.

MARC : Tu dis l'artiste comme une... comme une entité[1] 630 intouchable. L'artiste... Une sorte de divinité...

SERGE *(il rit)* : Mais pour moi, c'est une divinité ! Tu ne crois pas que j'aurais claqué cette fortune pour un vulgaire mortel !...

MARC : Bien sûr.

SERGE : Lundi, je suis allé à Beaubourg[2], tu sais combien il y 635 a d'Antrios à Beaubourg ?... Trois ! Trois Antrios !... À Beaubourg !

MARC : Épatant.

SERGE : Et le mien n'est pas moins beau !...

Écoute, je te propose quelque chose, si Yvan n'est pas là dans 640 exactement trois minutes, on fout le camp. J'ai découvert un excellent lyonnais[3].

---

1. « Être » doué d'unité matérielle, en philosophie. Ironique dans le contexte (repris par « divinité »).
2. Métonymie du « contenant » pour le « contenu » : désigne le lieu (plateau Beaubourg) abritant la construction (CNAC) qui contient notamment les collections du Musée national d'Art moderne (MNAM) dont feraient partie les œuvres d'« Antrios ».
3. Dérivation de l'adjectif marquant l'origine en substantif, désignant un type de restaurant dont la carte est composée de spécialités lyonnaises, de la charcuterie notamment.

41

...rquoi tu es à cran comme ça ?

...ne suis pas à cran.

...tu es à cran.

645 SERGE : Je ne suis pas à cran, enfin si, je suis à cran parce que c'est inadmissible ce laxisme[1], cette incapacité à la contrainte !

MARC : En fait, je t'énerve et tu te venges sur le pauvre Yvan.

SERGE : Le pauvre Yvan, tu te fous de moi ! Tu ne m'énerves pas, pourquoi tu m'énerverais ?

*

650 SERGE : Il m'énerve. C'est vrai.

Il m'énerve.

Il a un petit ton douceâtre. Un petit sourire entendu derrière chaque mot.

On a l'impression qu'il s'efforce de rester aimable.

655 Ne reste pas aimable, mon petit vieux ! Ne reste pas aimable. Surtout !

Serait-ce l'achat de l'Antrios ?... L'achat de l'Antrios qui aurait déclenché cette gêne entre nous ?...

Un achat... qui n'aurait pas eu sa caution ?...

660 Mais je me fous de sa caution ! Je me fous de ta caution[2], Marc !...

---

1. Tolérance excessive.
2. Garantie. Jeu de mots sur le sens matériel (achat) et le sens moral (valeur esthétique).

*

MARC : Serait-ce l'Antrios, l'achat de l'Antrios ?...

Non –

Le mal vient de plus loin...

665 Il vient très précisément de ce jour où tu as prononcé, sans humour, parlant d'un objet d'art, le mot *déconstruction*[1].

Ce n'est pas tant le terme de déconstruction qui m'a bouleversé que la gravité avec laquelle tu l'as proféré.

Tu as dit sérieusement, sans distance, sans un soupçon d'iro-670 nie, le mot *déconstruction*, toi, mon ami.

Ne sachant comment affronter cette situation j'ai lancé que je devenais misanthrope[2] et tu m'as rétorqué, mais qui es-tu ? D'où parles-tu ?...

D'où es-tu en mesure de t'exclure des autres ? m'a rétorqué 675 Serge de la manière la plus infernale. Et la plus inattendue de sa part... Qui es-tu mon petit Marc pour t'estimer supérieur ?

...

Ce jour-là, j'aurais dû lui envoyer mon poing dans la gueule.

Et lorsqu'il aurait été gisant au sol, moitié mort, lui dire, et 680 toi, qui es-tu comme ami, quelle sorte d'ami es-tu Serge, qui n'estime pas son ami supérieur ?

---

1. Concept philosophique, emprunté à Jacques Derrida, qui développe, à la fin des années 1980, un mode de pensée cherchant à échapper aux constructions rationnelles de la pensée occidentale.
2. Asocial.

*

Chez Serge.
Marc et Serge, comme on les a laissés.

685 MARC : Un lyonnais, tu as dit. Lourd, non ? Un peu gras, sau- cisses... tu crois ?

On sonne à la porte.

SERGE : Huit heures douze.

Serge va ouvrir à Yvan.

Yvan pénètre en parlant dans la pièce.

690 YVAN : Alors dramatique, problème insoluble, dramatique, les deux belles-mères veulent figurer sur le carton d'invitation. Catherine adore sa belle-mère qui l'a quasiment élevée, elle la veut sur le carton, elle la veut, la belle-mère n'envisage pas, et c'est normal, la mère est morte, de ne pas figurer à côté du père, 695 moi je hais la mienne, il est hors de question que ma belle-mère figure sur ce carton, mon père ne veut pas y être si elle n'y est pas, à moins que la belle-mère de Catherine n'y soit pas non plus, ce qui est rigoureusement impossible, j'ai suggéré qu'au- cun parent n'y soit, après tout nous n'avons plus vingt ans, nous 700 pouvons présenter notre union et inviter les gens nous-mêmes, Catherine a hurlé, arguant que c'était une gifle pour ses parents qui payaient, prix d'or, la réception et spécifiquement pour sa belle-mère qui s'était donné tant de mal alors qu'elle n'était même pas sa fille, je finis par me laisser convaincre, totalement 705 contre mon gré mais par épuisement, j'accepte donc que ma belle-mère que je hais, qui est une salope, figure sur le carton,

je téléphone à ma mère pour la prévenir, je lui dis maman, j'ai tout fait pour éviter ça mais nous ne pouvons pas faire autrement, Yvonne doit figurer sur le carton, elle me répond si Yvonne doit figurer sur le carton, je ne veux pas y être, je lui dis maman, je t'en supplie n'envenime pas les choses, elle me dit comment oses-tu me proposer que mon nom flotte, solitaire sur le papier, comme celui d'une femme abandonnée, au-dessous de celui d'Yvonne solidement amarré au patronyme de ton père, je lui dis maman, des amis m'attendent, je vais raccrocher, nous parlerons de tout ça demain à tête reposée, elle me dit et pourquoi je suis toujours la dernière roue du carrosse, comment ça maman, tu n'es pas la dernière roue du carrosse, bien sûr que si, quand tu me dis n'envenime pas les choses, ça veut bien dire que les choses sont déjà là, tout s'organise sans moi, tout se trame derrière mon dos, la brave Huguette doit dire amen à tout et j'ajoute, me dit-elle – le clou –, pour un événement dont je n'ai pas encore saisi l'urgence, maman, des amis m'attendent, oui, oui, tu as toujours mieux à faire tout est plus important que moi, au revoir, elle raccroche, Catherine, qui était à côté de moi, mais qui ne l'avait pas entendue, me dit, qu'est-ce qu'elle dit, je lui dis, elle ne veut pas être sur le carton avec Yvonne et c'est normal, je ne parle pas de ça, qu'est-ce qu'elle dit sur le mariage, rien, tu mens, mais non Cathy je te jure, elle ne veut pas être sur le carton avec Yvonne, rappelle-la et dis-lui que quand on marie son fils, on met son amour-propre de côté, tu pourrais dire la même chose à ta belle-mère, ça n'a rien à voir, s'écrie Catherine, c'est moi, moi, qui tiens

absolument à sa présence, pas elle, la pauvre, la délicatesse
735 même, si elle savait les problèmes que ça engendre, elle me sup-
plierait de ne pas être sur le carton, rappelle ta mère, je la rappelle, en surtension, Catherine à l'écouteur, Yvan, me dit ma
mère, tu as jusqu'à présent mené ta barque de la manière la plus
chaotique qui soit et parce que, subitement, tu entreprends de
740 développer une activité conjugale, je me trouve dans l'obliga-
tion de passer un après-midi et une soirée avec ton père, un
homme que je ne vois plus depuis dix-sept ans et à qui je ne
comptais pas exposer mes bajoues[1] et mon embonpoint, et avec
Yvonne qui, je te le signale en passant, a trouvé moyen, je l'ai
745 su par Félix Perolari, de se mettre au bridge – ma mère aussi
joue au bridge – tout ça je ne peux pas l'éviter, mais le carton,
l'objet par excellence, que tout le monde va recevoir et étudier,
j'entends m'y pavaner seule, à l'écouteur, Catherine secoue la
tête avec un rictus de dégoût, je dis maman, pourquoi es-tu si
750 égoïste, je ne suis pas égoïste, je ne suis pas égoïste Yvan, tu ne
vas pas t'y mettre toi aussi et me dire comme madame Roméro
ce matin que j'ai un cœur de pierre, que dans la famille, nous
avons tous une pierre à la place du cœur, dixit madame Roméro
ce matin parce que j'ai refusé – elle est devenue complètement
755 folle – de la passer à soixante francs de l'heure non déclarée, et
qui trouve le moyen de me dire que nous avons tous une pierre
à la place du cœur dans la famille, quand on vient de mettre un
pacemaker[2] au pauvre André, à qui tu n'as même pas envoyé un

---

1. Grosses joues.
2. Stimulateur cardiaque (anglicisme).

petit mot, oui bien sûr c'est drôle, toi tout te fait rire, ce n'est pas moi qui suis égoïste Yvan, tu as encore beaucoup de choses à apprendre de la vie, allez mon petit, file, file rejoindre tes chers amis...

Silence.

SERGE : Et alors ?...

YVAN : Et alors, rien. Rien n'est résolu. J'ai raccroché.

Minidrame avec Catherine. Écourté parce que j'étais en retard.

MARC : Pourquoi tu te laisses emmerder par toutes ces bonnes femmes ?

YVAN : Mais pourquoi je me laisse emmerder, je n'en sais rien ! Elles sont folles !

SERGE : Tu as maigri.

YVAN : Bien sûr. J'ai perdu quatre kilos. Uniquement par angoisse...

MARC : Lis Sénèque.

YVAN : ... *La Vie heureuse*, voilà ce qu'il me faut !

Il dit quoi, lui ?

MARC : Chef-d'œuvre.

YVAN : Ah bon ?...

SERGE : Il ne l'a pas lu.

YVAN : Ah bon !

MARC : Non, mais Serge m'a dit chef-d'œuvre tout à l'heure.

SERGE : J'ai dit chef-d'œuvre parce que c'est un chef-d'œuvre.

MARC : Oui, oui.

SERGE : C'est un chef-d'œuvre.

MARC : Pourquoi tu prends la mouche ?

SERGE : Tu as l'air d'insinuer que je dis chef-d'œuvre à tout bout de champ.

MARC : Pas du tout...

790   SERGE : Tu dis ça avec une sorte de ton narquois[1]...

MARC : Mais pas du tout !

SERGE : Si, si, chef-d'œuvre avec un ton...

MARC : Mais il est fou ! Pas du tout !... Par contre, tu as dit, tu as ajouté le mot modernissime.

795   SERGE : Oui. Et alors ?

MARC : Tu as dit modernissime, comme si moderne était le nec plus ultra du compliment. Comme si parlant d'une chose, on ne pouvait pas dire plus haut, plus définitivement haut que moderne.

800   SERGE : Et alors ?

MARC : Et alors, rien.

Et je n'ai pas fait mention du « issime », tu as remarqué... Modern-« issime »... !

SERGE : Tu me cherches aujourd'hui.

805   MARC : Non...

YVAN : Vous n'allez pas vous engueuler, ce serait le comble !

SERGE : Tu ne trouves pas extraordinaire qu'un homme qui a écrit il y a presque deux mille ans soit toujours d'actualité ?

MARC : Si. Si, si. C'est le propre des classiques.

810   SERGE : Question de mots.

---

1. Moqueur.

YVAN : Alors qu'est-ce qu'on fait ? Le cinéma, c'est foutu j'imagine, désolé. On va dîner ?

MARC : Serge m'a dit que tu étais très sensible à son tableau.

YVAN : Oui... Je suis assez sensible à ce tableau, oui... Pas toi, je sais.

MARC : Non.

Allons dîner. Serge connaît un lyonnais succulent.

SERGE : Tu trouves ça trop gras.

MARC : Je trouve ça un peu gras mais je veux bien essayer.

SERGE : Mais non, si tu trouves ça trop gras, on va ailleurs.

MARC : Non, je veux bien essayer.

SERGE : On va dans ce restaurant si ça vous fait plaisir. Sinon on n'y va pas !

(À Yvan.) Tu veux manger lyonnais, toi ?

YVAN : Moi je fais ce que vous voulez.

MARC : Lui, il fait ce qu'on veut, il fait toujours ce qu'on veut, lui.

YVAN : Mais qu'est-ce que vous avez tous les deux, vous êtes vraiment bizarres !

SERGE : Il a raison, tu pourrais un jour avoir une opinion à toi.

YVAN : Écoutez les amis, si vous comptez me prendre comme tête de Turc, moi je me tire ! J'ai assez enduré aujourd'hui.

MARC : Un peu d'humour, Yvan.

YVAN : Hein ?

MARC : Un peu d'humour, vieux.

YVAN : Un peu d'humour ? Je ne vois pas ce qu'il y a de drôle. Un peu d'humour, tu es marrant.

MARC : Je trouve que tu manques un peu d'humour ces derniers temps. Méfie-toi, regarde-moi !

840 YVAN : Qu'est-ce que tu as ?

MARC : Tu ne trouves pas que je manque aussi un peu d'humour ces derniers temps ?

YVAN : Ah bon ?!

SERGE : Bon, ça suffit, prenons une décision. Pour dire la 845 vérité, je n'ai même pas faim.

YVAN : Vous êtes vraiment sinistres ce soir !...

SERGE : Tu veux que je te donne mon point de vue sur tes histoires de bonnes femmes ?

YVAN : Donne.

850 SERGE : La plus hystérique de toutes, à mes yeux, est Catherine. De loin.

MARC : C'est évident.

SERGE : Et si tu te laisses emmerder par elle dès maintenant, tu te prépares un avenir effroyable.

855 YVAN : Qu'est-ce que je peux faire ?

MARC : Annule.

YVAN : Annuler le mariage ?!

SERGE : Il a raison.

YVAN : Mais je ne peux pas, vous êtes cinglés !

860 MARC : Pourquoi ?

YVAN : Mais parce que je ne peux pas, voyons ! Tout est organisé. Je suis dans la papeterie depuis un mois...

MARC : Quel rapport ?

YVAN : La papeterie est à son oncle, qui n'avait absolument

865 pas besoin d'engager qui que ce soit, encore moins un type qui
n'a travaillé que dans le tissu.

SERGE : Tu fais ce que tu veux. Moi je t'ai donné mon avis.

YVAN : Excuse-moi Serge, sans vouloir te blesser, tu n'es pas
l'homme dont j'écouterais spécifiquement les conseils matri-
870 moniaux. On ne peut pas dire que ta vie soit une grande réus-
site dans ce domaine...

SERGE : Justement.

YVAN : Je ne peux pas résilier ce mariage. Je sais que
Catherine est hystérique mais elle a des qualités. Elle a des qua-
875 lités qui sont prépondérantes quand on épouse un garçon
comme moi... *(Désignant l'Antrios.)* Tu vas le mettre où ?

SERGE : Je ne sais pas encore.

YVAN : Pourquoi tu ne le mets pas là ?

SERGE : Parce que là, il est écrasé par la lumière du jour.

880 YVAN : Ah oui.

J'ai pensé à toi aujourd'hui, au magasin on a reproduit cinq
cents affiches d'un type qui peint des fleurs blanches, complètement blanches, sur un fond blanc.

SERGE : L'Antrios n'est pas blanc.

885 YVAN : Non, bien sûr. Mais c'est pour dire.

MARC : Tu trouves que ce tableau n'est pas blanc, Yvan ?

YVAN : Pas tout à fait, non...

MARC : Ah bon. Et tu vois quoi comme couleur ?...

YVAN : Je vois des couleurs... Je vois du jaune, du gris, des
890 lignes un peu ocre...

MARC : Et tu es ému par ces couleurs.

YVAN : Oui... je suis ému par ces couleurs.

MARC : Yvan, tu n'as pas de consistance. Tu es un être hybride[1] et flasque[2].

895   SERGE : Pourquoi tu es agressif avec Yvan comme ça ?

MARC : Parce que c'est un petit courtisan, servile, bluffé par le fric, bluffé par ce qu'il croit être la culture, culture que je vomis définitivement d'ailleurs.

Un petit silence.

900   SERGE : ... Qu'est-ce qui te prend ?

MARC *(à Yvan)* : Comment peux-tu, Yvan ?... Devant moi. Devant moi, Yvan.

YVAN : Devant toi, quoi ?... Devant toi, quoi ?... Ces couleurs me touchent. Oui. Ne t'en déplaise. Et cesse de vouloir tout
905 régenter.

MARC : Comment peux-tu dire, devant moi, que ces couleurs te touchent ?...

YVAN : Parce que c'est la vérité.

MARC : La vérité ? Ces couleurs te touchent ?

910   YVAN : Oui. Ces couleurs me touchent.

MARC : Ces couleurs te touchent, Yvan ?!

SERGE : Ces couleurs le touchent ! Il a le droit !

MARC : Non, il n'a pas le droit.

SERGE : Comment, il n'a pas le droit ?

915   MARC : Il n'a pas le droit.

YVAN : Je n'ai pas le droit ?!...

---

1. Manquant de personnalité (péjoratif). À l'origine, résultat du croisement d'espèces différentes.
2. Mou. Redouble le caractère péjoratif de l'adjectif précédent !

MARC : Non.

SERGE : Pourquoi, il n'a pas le droit ? Tu sais que tu n'es pas bien en ce moment, tu devrais consulter.

920 MARC : Il n'a pas le droit de dire que ces couleurs le touchent, parce que c'est faux.

YVAN : Ces couleurs ne me touchent pas ? !

MARC : Il n'y a pas de couleurs. Tu ne les vois pas. Et elles ne te touchent pas.

925 YVAN : Parle pour toi !

MARC : Quel avilissement, Yvan !...

SERGE : Mais qui es-tu, Marc ? !...

Qui es-tu pour imposer ta loi ? Un type qui n'aime rien, qui méprise tout le monde, qui met son point d'honneur à ne pas 930 être un homme de son temps...

MARC : Qu'est-ce que ça veut dire être un homme de son temps ?

YVAN : Ciao. Moi, je m'en vais.

SERGE : Où tu vas ?

935 YVAN : Je m'en vais. Je ne vois pas pourquoi je dois supporter vos vapeurs[1].

SERGE : Reste ! Tu ne vas pas commencer à te draper[2]... Si tu t'en vas, tu lui donnes raison.

(Yvan se tient, hésitant, à cheval entre deux décisions.)

---

1. Malaises attribués autrefois à des émanations de corps liquides ou solides (gaz). Ici, emploi ironique : dans la littérature du XIXᵉ siècle, seules les femmes trop sensibles ont « des vapeurs ».
2. Troncation de l'expression « se draper dans sa dignité », qui désigne une attitude affectée de dignité offensée, par analogie avec l'attitude de l'acteur tragique enveloppé dans un vêtement dont l'ampleur lui permet de grands gestes.

940 Un homme de son temps est un homme qui vit dans son temps.

MARC : Quelle connerie. Comment un homme peut vivre dans un autre temps que le sien ? Explique-moi.

SERGE : Un homme de son temps, c'est quelqu'un dont on 945 pourra dire dans vingt ans, dans cent ans, qu'il est représentatif de son époque.

MARC : Hun, hun.

Et pour quoi faire ?

SERGE : Comment pour quoi faire ?

950 MARC : À quoi me sert qu'on dise de moi un jour, il a été représentatif de son époque ?

SERGE : Mais mon vieux, ce n'est pas de toi dont il s'agit, mon pauvre vieux ! Toi, on s'en fout ! Un homme de son temps, comme je te le signale, la plupart de ceux que tu apprécies, est un 955 apport pour l'humanité... Un homme de son temps n'arrête pas l'histoire de la peinture à une vue hypo-flamande de Cavaillon...

MARC : Carcassonne.

SERGE : Oui, c'est pareil. Un homme de son temps participe à la dynamique intrinsèque de l'évolution...

960 MARC : Et ça c'est bien, d'après toi.

SERGE : Ce n'est ni bien ni mal – pourquoi veux-tu moraliser ? – c'est dans la nature des choses.

MARC : Toi par exemple, tu participes à la dynamique intrinsèque[1] de l'évolution.

---

1. Interne.

965 SERGE : Oui.

MARC : Et Yvan ?...

YVAN : Mais non. Un être hybride ne participe à rien.

SERGE : Yvan, à sa manière, est un homme de son temps.

MARC : Et tu vois ça à quoi chez lui ? Pas à la croûte qu'il a
970 au-dessus de sa cheminée !

YVAN : Ce n'est pas du tout une croûte !

SERGE : Si, c'est une croûte.

YVAN : Mais non !

SERGE : Peu importe. Yvan est représentatif d'un certain
975 mode de vie, de pensée qui est tout à fait contemporain.
Comme toi d'ailleurs. Tu es typiquement, je suis navré, un
homme de ton temps. Et en réalité, plus tu souhaites ne pas
l'être, plus tu l'es.

MARC : Alors tout va bien. Où est le problème ?

980 SERGE : Le problème est uniquement pour toi, qui mets ton
point d'honneur à vouloir t'exclure du cercle des humains. Et
qui ne peux y parvenir. Tu es comme dans les sables mouvants,
plus tu cherches à t'extraire, plus tu t'enfonces. Présente tes
excuses à Yvan.

985 MARC : Yvan est un lâche.

Sur ces mots, Yvan prend sa décision : il sort précipitamment.
Un léger temps.

SERGE : Bravo.

Silence.

990 MARC : On ferait mieux de ne pas se voir du tout ce soir...
non ?... Je ferais mieux de partir aussi...

SERGE : Possible...

MARC : Bon...

SERGE : C'est toi qui es lâche... Tu t'attaques à un garçon qui
995 est incapable de se défendre... Tu le sais très bien.

MARC : Tu as raison... Tu as raison et ce que tu viens de dire
ajoute à mon effondrement... Tu vois, subitement, je ne comprends plus, je ne sais plus ce qui me relie à Yvan... Je ne comprends plus de quoi ma relation est faite avec ce garçon.

1000 SERGE : Yvan a toujours été ce qu'il est.

MARC : Non. Il avait une folie, il avait une incongruité[1]... Il
était fragile mais il était désarmant par sa folie...

SERGE : Et moi ?

MARC : Toi quoi ?

1005 SERGE : Tu sais ce qui te relie à moi ?...

MARC : ... Une question qui pourrait nous entraîner assez
loin...

SERGE : Allons-y.

Court silence.

1010 MARC : ... Ça m'ennuie d'avoir fait de la peine à Yvan.

SERGE : Ah ! Enfin une parole légèrement humaine dans ta
bouche... D'autant que la croûte qu'il a au-dessus de sa cheminée, je crains que ce ne soit son père qui l'ait peinte.

MARC : Ah bon ? Merde.

1015 SERGE : Oui...

MARC : Mais toi aussi tu lui as...

---

1. Anticonformisme, caractère de ce qui est contraire aux convenances.

SERGE : Oui, oui, mais je m'en suis souvenu en le disant.

MARC : Ah, merde...

SERGE : Mmm...

020 *Léger temps...*

On sonne.

Serge va ouvrir.

Yvan rentre aussitôt dans la pièce et comme précédemment parle à peine arrivé.

025 YVAN : Le retour d'Yvan ! L'ascenseur est occupé, je m'engouffre dans l'escalier et je pense tout en dégringolant, lâche, hybride, sans consistance, je me dis, je reviens avec un flingue, je le bute, il verra si je suis flasque et servile, j'arrive au rez-de-chaussée, je me dis mon petit vieux tu n'as pas fait six ans d'ana030 lyse pour finir par buter ton meilleur ami et tu n'as pas fait six ans d'analyse pour ne pas percevoir derrière cette démence verbale un profond mal-être, je réamorce une remontée et je me dis, tout en gravissant les marches du pardon, Marc appelle au secours, je dois le secourir dussé-je en pâtir moi-même... 035 D'ailleurs, l'autre jour, j'ai parlé de vous à Finkelzohn...

SERGE : Tu parles de nous à Finkelzohn ? !

YVAN : Je parle de tout à Finkelzohn.

SERGE : Et pourquoi tu parles de nous ?

MARC : Je t'interdis de parler de moi à ce connard.

040 YVAN : Tu ne m'interdis rien.

SERGE : Pourquoi tu parles de nous ?

YVAN : Je sens que vos relations sont tendues et je voulais que Finkelzohn m'éclaire...

SERGE : Et qu'est-ce qu'il dit ce con ?

1045   YVAN : Il dit quelque chose d'amusant...

MARC : Ils donnent leur avis ces gens ?!

YVAN : Non, ils ne donnent pas leur avis, mais là il a donné son avis, il a même fait un geste, lui qui ne fait jamais de geste, il a toujours froid, je lui dis, bougez !...

1050   SERGE : Bon alors qu'est-ce qu'il dit ?!

MARC : Mais on se fout de ce qu'il dit !

SERGE : Qu'est-ce qu'il a dit ?

MARC : En quoi ça nous intéresse ?

SERGE : Je veux savoir ce que ce con a dit, merde !

1055   YVAN *(il fouille dans la poche de sa veste)* : Vous voulez savoir... *(Il sort un bout de papier plié.)*

MARC : Tu as pris des notes ?!

YVAN *(le dépliant)* : J'ai noté parce que c'est compliqué... Je vous lis ?

1060   SERGE : Lis.

YVAN : ... « Si je suis moi parce que je suis moi, et si tu es toi parce que tu es toi, je suis moi et tu es toi. Si, en revanche, je suis moi parce que tu es toi, et si tu es toi parce que je suis moi, alors je ne suis pas moi et tu n'es pas toi... »

1065   Vous comprendrez que j'aie dû l'écrire.

Court silence.

MARC : Tu le paies combien ?

YVAN : Quatre cents francs la séance, deux fois par semaine.

MARC : Joli.

1070   SERGE : Et en liquide. Car j'ai appris un truc, tu ne peux pas payer par chèque. Freud a dit, il faut que tu sentes les billets qui foutent le camp.

MARC : Tu as de la chance d'être coaché[1] par ce type.

SERGE : Ah oui !... Et tu seras gentil de nous recopier cette formule.

MARC : Oui. Elle nous sera sûrement utile.

YVAN *(repliant soigneusement le papier)* : Vous avez tort. C'est très profond.

MARC : Si c'est grâce à lui que tu es revenu tendre ton autre joue, tu peux le remercier. Il a fait de toi une lope[2], mais tu es content, c'est l'essentiel.

YVAN *(à Serge)* : Tout ça parce qu'il ne veut pas croire que j'apprécie ton Antrios.

SERGE : Je me fous de ce que vous pensez de ce tableau. Toi comme lui.

YVAN : Plus je le vois, plus je l'aime, je t'assure.

SERGE : Je propose qu'on cesse de parler de ce tableau une bonne fois pour toutes, OK ? C'est une conversation qui ne m'intéresse pas.

MARC : Pourquoi tu te blesses comme ça ?

SERGE : Je ne me blesse pas, Marc. Vous avez exprimé vos opinions. Bien. Le sujet est clos.

MARC : Tu vois que tu le prends mal.

SERGE : Je ne le prends pas mal. Je suis fatigué.

---

1. Entraîné, dirigé (anglicisme à la mode).
2. Lâche (argotique et péjoratif).

1095   MARC : Si tu te blesses, ça signifie que tu es suspendu au jugement d'autrui...

SERGE : Je suis fatigué, Marc. Tout ça est stérile... À vrai dire, je suis au bord de l'ennui avec vous, là, en ce moment.

YVAN : Allons dîner !

1100   SERGE : Allez-y tous les deux, pourquoi vous n'y allez pas tous les deux ?

YVAN : Mais non ! Pour une fois qu'on est tous les trois.

SERGE : Ça ne nous réussit pas apparemment.

YVAN : Je ne comprends pas ce qui se passe. Calmons-nous.

1105 Il n'y a aucune raison de s'engueuler, encore moins pour un tableau.

SERGE : Tu as conscience que tu jettes de l'huile sur le feu avec tes « calmons-nous » et tes manières de curé ! C'est nouveau ça ?

YVAN : Vous n'arriverez pas à m'entamer.

1110   MARC : Tu m'impressionnes. Je vais aller chez ce Finkelzohn !...

YVAN : Tu ne peux pas, il est complet.

Qu'est-ce que tu manges ?

MARC : Gelsémium.

1115   YVAN : Je suis rentré dans la suite logique des choses, mariage, enfants, mort. Papeterie. Qu'est-ce qui peut m'arriver ?

Mû par une impulsion soudaine, Serge prend l'Antrios et le rapporte où il se trouvait, en dehors de la pièce.

Il revient aussitôt.

1120   MARC : Nous ne sommes pas dignes de le regarder...

SERGE : Exact.

MARC : Ou tu as peur qu'en ma présence, tu finisses par l'observer avec mes yeux...

SERGE : Non. Tu sais ce que dit Paul Valéry[1] ? Je vais mettre de l'eau à ton moulin.

MARC : Je me fous de ce que dit Paul Valéry.

SERGE : Tu n'aimes pas non plus Paul Valéry ?

MARC : Ne me cite pas Paul Valéry.

SERGE : Mais tu aimais Paul Valéry !

MARC : Je me fous de ce que dit Paul Valéry.

SERGE : C'est toi qui me l'as fait découvrir. C'est toi-même qui m'as fait découvrir Paul Valéry !

MARC : Ne me cite pas Paul Valéry, je me fous de ce que dit Paul Valéry.

SERGE : De quoi tu ne te fous pas ?

MARC : Que tu aies acheté ce tableau.

Que tu aies dépensé vingt briques pour cette merde.

YVAN : Tu ne vas pas recommencer, Marc !

SERGE : Et moi je vais te dire ce dont je ne me fous pas – puisqu'on en est aux confidences –, je ne me fous pas de la manière dont tu as suggéré par ton rire et tes insinuations que moi-même je trouvais cette œuvre grotesque. Tu as nié que je pouvais avec sincérité y être attaché. Tu as voulu créer une complicité odieuse entre nous. Et pour reprendre ta formule Marc, c'est ça qui me relie moins à toi ces derniers temps, ce permanent soupçon que tu manifestes.

---

1. Écrivain français (1871-1945) dont les *Cahiers* occupent une place importante dans la réflexion contemporaine sur la langue et sur l'Art.

MARC : C'est vrai que je ne peux pas imaginer que tu aimes sincèrement ce tableau.

YVAN : Mais pourquoi ?

1150   MARC : Parce que j'aime Serge et que je suis incapable d'aimer Serge achetant ce tableau.

SERGE : Pourquoi tu dis, achetant, pourquoi tu ne dis pas, aimant ?

MARC : Parce que je ne peux pas dire aimant, je ne peux pas 1155 croire, aimant.

SERGE : Alors, achetant pourquoi, si je n'aime pas ?

MARC : C'est toute la question.

SERGE *(à Yvan)* : Regarde comme il me répond avec suffisance ! Je joue au con et lui il me répond avec la tranquille bouf-1160 fissure[1] du sous-entendu !... *(À Marc.)* Et tu n'as pas imaginé une seconde, au cas, même improbable, où je puisse aimer vraiment, que je me blesse d'entendre ton avis catégorique, tranchant, complice dans le dégoût ?

MARC : Non.

1165   SERGE : Quand tu m'as demandé ce que je pensais de Paula – une fille qui m'a soutenu, à moi, pendant tout un dîner, qu'on pouvait guérir la maladie d'Elhers Danlos[2] à l'homéopathie –, je ne t'ai pas dit que je la trouvais laide, rugueuse et sans charme. J'aurais pu.

1170   MARC : C'est ce que tu penses de Paula ?

---

1. Exagération (péjoratif). Premier sens : boursouflure.
2. Maladie génétique rare entraînant une hyperélasticité de la peau, une hyperlaxité des articulations et de nombreux hématomes.

SERGE : À ton avis ?

YVAN : Mais non, il ne pense pas ça ! On ne peut pas penser ça de Paula !

MARC : Réponds-moi.

175 SERGE : Tu vois, tu vois l'effet que ça fait !

MARC : Est-ce que tu penses ce que tu viens de dire sur Paula ?

SERGE : Au-delà, même.

YVAN : Mais non !!

180 MARC : Au-delà, Serge ? Au-delà du rugueux ? Veux-tu m'expliquer l'au-delà du rugueux !...

SERGE : Ah, ah ! Quand ça te touche personnellement, la saveur des mots est plus amère, on dirait !...

MARC : Serge, explique-moi l'au-delà du rugueux...

185 SERGE : Ne prends pas ce ton de givre. Ne serait-ce – je vais te répondre –, ne serait-ce que sa manière de chasser la fumée de cigarette...

MARC : Sa manière de chasser la fumée de cigarette...

SERGE : Oui. Sa manière de chasser la fumée de cigarette. Un
190 geste qui te paraît à toi insignifiant, un geste anodin, penses-tu, pas du tout, sa manière de chasser la fumée de cigarette est exactement au cœur de sa rugosité.

MARC : ... Tu me parles de Paula, une femme qui partage ma vie, en ces termes insoutenables, parce que tu désapprouves sa
195 façon de chasser la fumée de cigarette...

SERGE : Oui. Sa façon de chasser la fumée la condamne sans phrases.

MARC : Serge, explique-moi, avant que je ne perde tout contrôle de moi-même. C'est très grave ce que tu es en train de
1200 faire.

SERGE : N'importe quelle femme dirait, excusez-moi, la fumée me gêne un peu, pourriez-vous déplacer votre cendrier, non, elle, elle ne s'abaisse pas à parler, elle dessine son mépris dans l'air, un geste calculé, d'une lassitude un peu méchante,
1205 un mouvement de main qu'elle veut imperceptible et qui sous-entend, fumez, fumez, c'est désespérant mais à quoi bon le relever, et qui fait que tu te demandes si c'est toi ou la cigarette qui l'indispose.

YVAN : Tu exagères !...

1210 SERGE : Tu vois, il ne dit pas que j'ai tort, il dit que j'exagère, il ne dit pas que j'ai tort. Sa façon de chasser la fumée de cigarette révèle une nature froide, condescendante et fermée au monde. Ce que tu tends toi-même à devenir. C'est dommage Marc, c'est vraiment dommage que tu sois tombé sur une
1215 femme aussi négative...

YVAN : Paula n'est pas négative !...

MARC : Retire tout ce que tu viens de dire, Serge.

SERGE : Non.

YVAN : Mais si !...

1220 MARC : Retire ce que tu viens de dire...

YVAN : Retire, retire ! C'est ridicule !

MARC : Serge, pour la dernière fois, je te somme de retirer ce que tu viens de dire.

SERGE : Un couple aberrant à mes yeux. Un couple de fos-
25 siles.

Marc se jette sur Serge.

Yvan se précipite pour s'interposer.

MARC *(à Yvan)* : Tire-toi !...

SERGE *(à Yvan)* : Ne t'en mêle pas...

30 *S'ensuit une sorte de lutte grotesque, très courte, qui se termine par un coup que prend malencontreusement Yvan.*

YVAN : Oh merde !... Oh merde !...

SERGE : Fais voir, fais voir... *(Yvan gémit. Plus que de raison, semble-t-il.)* Mais fais voir !... C'est rien... Tu n'as rien...
35 Attends... *(Il sort et revient avec une compresse.)* Tiens, mets ça dessus pendant une minute.

YVAN : ... Vous êtes complètement anormaux tous les deux. Deux garçons normaux qui deviennent complètement cinglés !

SERGE : Ne t'énerve pas.

40 YVAN : J'ai vraiment mal !... Si ça se trouve, vous m'avez crevé le tympan !...

SERGE : Mais non.

YVAN : Qu'est-ce que tu en sais ? Tu n'es pas otorhino !... Des amis comme vous, des types qui ont fait des études !...

45 SERGE : Allez, calme-toi.

YVAN : Tu ne peux pas démolir quelqu'un parce que tu n'aimes pas sa façon de chasser la fumée de cigarette !...

SERGE : Si.

YVAN : Mais enfin, ça n'a aucun sens !

1250 SERGE : Qu'est-ce que tu sais du sens de quoi que ce soit ?

 YVAN : Agresse-moi, agresse-moi encore !... J'ai peut-être une hémorragie interne, j'ai vu une souris passer...

 SERGE : C'est un rat.

 YVAN : Un rat !

1255 SERGE : Oui, il passe de temps en temps.

 YVAN : Tu as un rat ?!!!

 SERGE : Ne retire pas la compresse, laisse la compresse.

 YVAN : Qu'est-ce que vous avez ?... Qu'est-ce qui s'est passé entre vous ? Il s'est passé quelque chose pour que vous soyez
1260 devenus déments à ce point ?

 SERGE : J'ai acheté une œuvre qui ne convient pas à Marc.

 YVAN : Tu continues !... Vous êtes dans une spirale tous les deux, vous ne pouvez plus vous arrêter... On dirait moi avec Yvonne. La relation la plus pathologique qui soit !

1265 SERGE : Qui est-ce ?

 YVAN : Ma belle-mère !

 SERGE : Ça faisait longtemps que tu ne nous en avais pas parlé.

 Un petit silence.

1270 MARC : Pourquoi tu ne m'as pas dit tout de suite ce que tu pensais de Paula ?

 SERGE : Je ne voulais pas te peiner.

 MARC : Non, non, non...

 SERGE : Quoi, non, non, non ?...

1275 MARC : Non.

Quand je t'ai demandé ce que tu pensais de Paula, tu m'as répondu : Vous vous êtes trouvés.

SERGE : Oui...

MARC : Et c'était positif, dans ta bouche.

280 SERGE : Sans doute...

MARC : Si, si. À cette époque, si.

SERGE : Bon, qu'est-ce que tu veux prouver ?

MARC : Aujourd'hui, le procès que tu fais à Paula, en réalité le mien, penche du mauvais côté.

285 SERGE : ... Comprends pas...

MARC : Mais si, tu comprends.

SERGE : Non.

MARC : Depuis que je ne peux plus te suivre dans ta furieuse, quoique récente, appétence[1] de nouveauté, je suis devenu

290 « condescendant », « fermé au monde »... « fossilisé »...

YVAN : Ça me vrille !... J'ai une vrille qui m'a traversé le cerveau !

SERGE : Tu veux une goutte de cognac ?

YVAN : Tu crois... Si j'ai un truc détraqué dans le cerveau, tu

295 ne crois pas que l'alcool est contre-indiqué ?...

SERGE : Tu veux une aspirine ?

YVAN : Je ne sais pas si l'aspirine...

SERGE : Bon, alors qu'est-ce que tu veux ? ! !

YVAN : Ne vous occupez pas de moi. Continuez votre conver-

300 sation absurde, ne vous intéressez pas à moi.

---

1. Appétit (registre de langue soutenu). Ironique dans la bouche de Marc.

MARC : C'est difficile.

YVAN : Vous pourriez avoir une oncette[1] de compassion. Non.

SERGE : Moi je supporte que tu fréquentes Paula. Je ne t'en veux pas d'être avec Paula.

1305   MARC : Tu n'as aucune raison de m'en vouloir.

SERGE : Et toi tu as des raisons de m'en vouloir... tu vois, j'allais dire d'être avec l'Antrios !

MARC : Oui.

SERGE : ... Quelque chose m'échappe.

1310   MARC : Je ne t'ai pas remplacé par Paula.

SERGE : Parce que moi, je t'ai remplacé par l'Antrios ?

MARC : Oui.

SERGE : ... Je t'ai remplacé par l'Antrios ? !

MARC : Oui. Par l'Antrios... et compagnie.

1315   SERGE *(à Yvan)* : Tu comprends ce qu'il dit ?...

YVAN : Je m'en fous, vous êtes cinglés.

MARC : De mon temps, tu n'aurais jamais acheté cette toile.

SERGE : Qu'est-ce que ça signifie, de ton temps ? !

MARC : Du temps où tu me distinguais des autres, où tu
1320   mesurais les choses à mon aune[2].

SERGE : Il y a eu un temps de cette nature entre nous ?

MARC : Comme c'est cruel. Et petit de ta part.

SERGE : Non, je t'assure, je suis éberlué.

MARC : Si Yvan n'était pas l'être spongieux qu'il est devenu, il
1325   me soutiendrait.

---

1. Petite quantité. Diminutif néologique de « once ».
2. Selon mon propre jugement (archaïque).

YVAN : Continue, continue, je t'ai dit, ça glisse.

MARC *(à Serge)* : Il fut un temps où tu étais fier de m'avoir pour ami... Tu te félicitais de mon étrangeté, de ma propension à rester hors du coup. Tu aimais exposer ma sauvagerie en société, toi qui vivais si normalement. J'étais ton alibi. Mais... à la longue, il faut croire que cette sorte d'affection se tarit... Sur le tard, tu prends ton autonomie...

SERGE : J'apprécie le « sur le tard ».

MARC : Et je hais cette autonomie. La violence de cette autonomie. Tu m'abandonnes. Je suis trahi. Tu es un traître pour moi.

Silence.

SERGE *(à Yvan)* : Il était mon mentor[1], si je comprends bien... *(Yvan ne répond pas. Marc le dévisage avec mépris. Léger temps.)* ... Et si moi, je t'aimais en qualité de mentor... toi, de quelle nature était ton sentiment ?

MARC : Tu le devines.

SERGE : Oui, oui, mais je voudrais te l'entendre dire.

MARC : ... J'aimais ton regard. J'étais flatté. Je t'ai toujours su gré de me considérer comme à part. J'ai même cru que cet à part était de l'ordre du supérieur jusqu'à ce qu'un jour tu me dises le contraire.

SERGE : C'est consternant.

MARC : C'est la vérité.

SERGE : Quel échec... !

---

1. Conseiller ; par référence au « Mentor » de l'*Odyssée*, chargé de l'éducation de Télémaque par son ami Ulysse.

MARC : Oui, quel échec !

SERGE : Quel échec !

MARC : Pour moi surtout... Toi, tu t'es découvert une nouvelle famille. Ta nature idolâtre a trouvé d'autres objets.
1355   L'Artiste !... La *Déconstruction* !...

Court silence.

YVAN : C'est quoi la déconstruction ?...

MARC : Tu ne connais pas la déconstruction ?... Demande à Serge, il domine très bien cette notion... *(À Serge.)* Pour me
1360   rendre lisible une œuvre absurde, tu es allé chercher ta terminologie dans le registre des travaux publics... Ah, tu souris ! Tu vois, quand tu souris comme ça, je reprends espoir, quel con...

YVAN : Mais réconciliez-vous ! Passons une bonne soirée, tout ça est risible !

1365   MARC : ... C'est de ma faute. On ne s'est pas beaucoup vus ces derniers temps. J'ai été absent, tu t'es mis à fréquenter le haut de gamme... Les Rops... les Desprez-Coudert... ce dentiste, Guy Hallié... C'est lui qui t'a...

SERGE : Non, non, non, non, pas du tout, ce n'est pas du tout
1370   son univers, lui n'aime que l'Art conceptuel[1]...

MARC : Oui, enfin, c'est pareil.

SERGE : Non, ce n'est pas pareil.

MARC : Tu vois, encore une preuve que je t'ai laissé dériver...

---

1. Désigne le courant artistique qui privilégie l'*idée* artistique au détriment de l'*œuvre* d'art. Joseph Beuys (1921-1986) en est l'une des figures les plus marquantes. Sa devise, « L'art est la vie, et la vie c'est l'art », s'inspirait en partie d'Yves Klein (1928-1962), théoricien de la couleur pure, dont les interventions et les toiles monochromes (bleues) firent scandale à la fin des années 1950.

On ne se comprend même plus dans la conversation cou-
rante.

SERGE : J'ignorais totalement – vraiment c'est une découverte – que j'étais à ce point sous ta houlette, à ce point en ta
possession...

MARC : Pas en ma possession, non... On ne devrait jamais
laisser ses amis sans surveillance. Il faut toujours surveiller ses
amis. Sinon, ils vous échappent...

Regarde ce malheureux Yvan, qui nous enchantait par son
comportement débridé, et qu'on a laissé devenir peureux, pape-
tier... Bientôt mari... Un garçon qui nous apportait sa singula-
rité et qui s'escrime maintenant à la gommer...

SERGE : Qui *nous* apportait ! Est-ce que tu réalises ce que tu
dis ? Toujours en fonction de toi ! Apprends à aimer les gens
pour eux-mêmes, Marc.

MARC : Ça veut dire quoi, pour eux-mêmes ?!

SERGE : Pour ce qu'ils sont.

MARC : Mais qu'est-ce qu'ils sont ?! Qu'est-ce qu'ils sont ?!...
En dehors de l'espoir que je place en eux ?...

Je cherche désespérément un ami qui me préexiste. Jusqu'ici,
je n'ai pas eu de chance. J'ai dû vous façonner... Mais tu vois,
ça ne marche pas. Un jour ou l'autre, la créature va dîner chez
les Desprez-Coudert et pour entériner[1] son nouveau standing,
achète un tableau blanc.

Silence.

---

1. Confirmer, ratifier (métaphore juridique).

SERGE : Donc, nous voici au terme d'une relation de quinze

1400 ans...

MARC : Oui...

YVAN : Minable...

MARC : Tu vois, si on était arrivés à se parler normalement, enfin si j'étais parvenu à m'exprimer en gardant mon calme...

1405 SERGE : Oui ?...

MARC : Non...

SERGE : Si. Parle. Qu'on échange ne serait-ce qu'un mot dépassionné.

MARC : ... Je ne crois pas aux valeurs qui régissent l'Art d'au-

1410 jourd'hui... La loi du nouveau. La loi de la surprise...

La surprise est une chose morte. Morte à peine conçue, Serge...

SERGE : Bon. Et alors ?

MARC : C'est tout.

1415 J'ai aussi été pour toi de l'ordre de la surprise.

SERGE : Qu'est-ce que tu racontes !

MARC : Une surprise qui a duré un certain temps, je dois dire.

YVAN : Finkelzohn est un génie.

Je vous signale qu'il avait tout compris !

1420 MARC : J'aimerais que tu cesses d'arbitrer, Yvan, et que tu cesses de te considérer à l'extérieur de cette conversation.

YVAN : Tu veux m'y faire participer, pas question, en quoi ça me regarde ? J'ai déjà le tympan crevé, réglez vos comptes tout seuls maintenant !

425 MARC : Il a peut-être le tympan crevé ? Je lui ai donné un coup très violent.

SERGE *(il ricane)* : Je t'en prie, pas de vantardise.

MARC : Tu vois Yvan, ce que je ne supporte pas en ce moment chez toi – outre tout ce que je t'ai déjà dit et que je pense –
430 c'est ton désir de nous niveler. Égaux, tu nous voudrais. Pour mettre ta lâcheté en sourdine. Égaux dans la discussion, égaux dans l'amitié d'autrefois. Mais nous ne sommes pas égaux, Yvan. Tu dois choisir ton camp.

YVAN : Il est tout choisi.

435 MARC : Parfait.

SERGE : Je n'ai pas besoin d'un supporter.

MARC : Tu ne vas pas rejeter le pauvre garçon.

YVAN : Pourquoi on se voit, si on se hait ?! On se hait, c'est clair ! Enfin, moi je ne vous hais pas mais vous, vous vous haïs-
440 sez ! Et vous me haïssez ! Alors pourquoi on se voit ?... Moi je m'apprêtais à passer une soirée de détente après une semaine de soucis absurdes, retrouver mes deux meilleurs amis, aller au cinéma, rire, dédramatiser...

SERGE : Tu as remarqué que tu ne parles que de toi.

445 YVAN : Et vous parlez de qui, vous ?! Tout le monde parle de soi !

SERGE : Tu nous fous la soirée en l'air, tu...

YVAN : Je vous fous la soirée en l'air ?!

SERGE : Oui.

450 YVAN : Je vous fous la soirée en l'air ?! Moi ?!

Moi, je vous fous la soirée en l'air?!

MARC : Oui, oui, ne t'excite pas!

YVAN : C'est moi qui fous la soirée en l'air?!!...

SERGE : Tu vas le répéter combien de fois?

1455 YVAN : Non mais répondez-moi, c'est moi qui fous la soirée en l'air?!!...

MARC : Tu arrives avec trois quarts d'heure de retard, tu ne t'excuses pas, tu nous soûles de tes pépins domestiques...

SERGE : Et ta présence veule[1], ta présence de spectateur veule
1460 et neutre, nous entraîne Marc et moi dans les pires excès.

YVAN : Toi aussi! Toi aussi, tu t'y mets?!

SERGE : Oui, parce que sur ce point, je suis entièrement d'accord avec lui. Tu crées les conditions du conflit.

MARC : Cette mièvre et subalterne voix de la raison, que tu
1465 essaies de faire entendre depuis ton arrivée, est intenable.

YVAN : Vous savez que je peux pleurer... Je peux me mettre à pleurer là... D'ailleurs, je n'en suis pas loin...

MARC : Pleure.

SERGE : Pleure.

1470 YVAN : Pleure! Vous me dites, pleure!!...

MARC : Tu as toutes les raisons de pleurer, tu vas épouser une gorgone[2], tu perds des amis que tu pensais éternels...

YVAN : Ah parce que ça y est, tout est fini!

MARC : Tu l'as dit toi-même, à quoi bon se voir si on se hait?

---

1. Faible, ne faisant preuve d'aucune volonté.
2. Monstre mythologique à la chevelure de serpents qui avait le pouvoir de pétrifier les hommes, ce que semble être symboliquement Catherine.

475 YVAN : Et mon mariage ? ! Vous êtes témoins, vous vous souvenez ? !

SERGE : Tu peux encore changer.

YVAN : Bien sûr que non ! Je vous ai inscrits !

MARC : Tu peux en choisir d'autres au dernier moment.

480 YVAN : On n'a pas le droit !

SERGE : Mais si ! ...

YVAN : Non ! ...

MARC : Ne t'affole pas, on viendra.

SERGE : Tu devrais annuler ce mariage.

485 MARC : Ça, c'est vrai.

YVAN : Mais merde ! Qu'est-ce que je vous ai fait, merde ! ! ...
Il fond en larmes.
Un temps.

C'est ignoble ce que vous faites ! Vous auriez pu vous
490 engueuler après le 12, non, vous vous arrangez pour gâcher
mon mariage, un mariage qui est déjà une calamité, qui m'a fait
perdre quatre kilos, vous le ruinez définitivement ! Les deux
seules personnes dont la présence me procurait un embryon de
satisfaction s'arrangent pour s'entretuer, je suis vraiment le gar-
495 çon verni ! ... *(À Marc.)* Tu crois que j'aime les pochettes perfo-
rées, les rouleaux adhésifs, tu crois qu'un homme normal a
envie, un jour, de vendre des chemises dos à soufflet ? ! ... Que
veux-tu que je fasse ? J'ai fait le con jusqu'à quarante ans, ah
bien sûr je t'amusais, j'amusais beaucoup mes amis avec mes
500 conneries, mais le soir qui est seul comme un rat ? Qui rentre
tout seul dans sa tanière le soir ? Le bouffon seul à crever qui

allume tout ce qui parle et qui trouve sur le répondeur qui ? Sa mère. Sa mère et sa mère.

Un court silence.

1505   MARC : Ne te mets pas dans un état pareil.

YVAN : Ne te mets pas dans un état pareil ! Qui m'a mis dans cet état ? ! Je n'ai pas vos froissements d'âme moi, qui je suis ? Un type qui n'a pas de poids, qui n'a pas d'opinion, je suis un ludion[1], j'ai toujours été un ludion !

1510   MARC : Calme-toi...

YVAN : Ne me dis pas, calme-toi ! Je n'ai aucune raison de me calmer, si tu veux me rendre fou, dis-moi, calme-toi ! Calme-toi est la pire chose qu'on peut dire à quelqu'un qui a perdu son calme ! Je ne suis pas comme vous, je ne veux pas avoir d'auto-
1515   rité, je ne veux pas être une référence, je ne veux pas exister par moi-même, je veux être votre ami Yvan le farfadet[2] ! Yvan le far-fadet.

Silence.

SERGE : Si on pouvait ne pas tomber dans le pathétique...

1520   YVAN : J'ai terminé.

Tu n'as pas quelque chose à grignoter ? N'importe quoi, juste pour ne pas tomber évanoui.

SERGE : J'ai des olives.

YVAN : Donne.

1525   *Serge lui donne un petit bol d'olives qui est à portée de main.*

---

1. Jouet des circonstances, par analogie avec la figurine dans le bocal de démonstration de physique, soumise à la pression.
2. Lutin gai et gracieux (mot emprunté au folklore provençal).

SERGE *(à Marc)* : Tu en veux ?

Marc acquiesce.

Yvan lui tend le bol.

Ils mangent des olives.

30 YVAN : ... Tu n'as pas une assiette pour mettre les...

SERGE : Si.

Il prend une soucoupe et la pose sur la table.

Un temps.

YVAN *(tout en mangeant les olives)* : En arriver à de telles extré-

35 mités... Un cataclysme pour un panneau blanc...

SERGE : Il n'est pas blanc.

YVAN : Une merde blanche !... *(Il est pris d'un fou rire.)*... Car c'est une merde blanche !... Reconnais-le mon vieux !... C'est insensé ce que tu as acheté !...

40 *Marc rit, entraîné dans la démesure d'Yvan.*

Serge sort de la pièce.

Et revient aussitôt avec l'Antrios qu'il replace au même endroit.

SERGE *(à Yvan)* : Tu as sur toi tes fameux feutres ?...

YVAN : Pour quoi faire ?... Tu ne vas pas dessiner sur le

45 tableau ?...

SERGE : Tu as ou pas ?

YVAN : Attends... *(Il fouille dans les poches de sa veste.)* Oui... Un bleu...

SERGE : Donne.

50 *Yvan tend le feutre à Serge.*

Serge prend le feutre, enlève le capuchon, observe un instant la pointe, replace le capuchon.

Il lève les yeux vers Marc et lui lance le feutre.
Marc l'attrape.
1555   *Léger temps.*
SERGE *(à Marc)* : Vas-y. *(Silence.)* Vas-y !
Marc s'approche du tableau...
Il regarde Serge...
Puis il enlève le capuchon du feutre.
1560   YVAN : Tu ne vas pas le faire !...
Marc regarde Serge...
SERGE : Allez.
YVAN : Vous êtes fous à lier tous les deux !
Marc se baisse pour être à la hauteur du tableau.
1565   *Sous le regard horrifié d'Yvan, il suit avec le feutre un des lise-*
rés transversaux.

     Serge est impassible.

     Puis, avec application, Marc dessine sur cette pente un petit
skieur avec un bonnet.
1570   *Lorsqu'il a fini, il se redresse et contemple son œuvre.*
     Serge reste de marbre.
     Yvan est pétrifié.
     Silence.
     SERGE : Bon. J'ai faim.
1575   On va dîner ?
     Marc esquisse un sourire.
     Il rebouche le capuchon et dans un geste ludique, le jette à Yvan
qui s'en saisit au vol.

*

Chez Serge.

Au fond, accroché au mur, l'Antrios.

Debout devant la toile, Marc tient une bassine d'eau dans laquelle Serge trempe un petit morceau de tissu. Marc a relevé les manches de sa chemise et Serge est vêtu d'un petit tablier trop court de peintre en bâtiment.

Près d'eux, on aperçoit quelques produits, flacons ou bouteilles de white-spirit, eau écarlate, chiffons et éponges...

Avec un geste très délicat, Serge apporte une dernière touche au nettoyage du tableau.

L'Antrios a retrouvé toute sa blancheur initiale.

Marc pose la bassine et regarde le tableau.

Serge se retourne vers Yvan, assis en retrait.

Yvan approuve.

Serge recule et contemple l'œuvre à son tour.

Silence.

YVAN *(comme seul. Il nous parle à voix légèrement feutrée)* : ... Le lendemain du mariage, Catherine a déposé au cimetière Montparnasse, sur la tombe de sa mère morte, son bouquet de mariée et un petit sachet de dragées. Je me suis éclipsé pour pleurer derrière une chapelle et le soir, repensant à cet acte bouleversant, j'ai encore sangloté dans mon lit en silence. Je dois absolument parler à Finkelzohn de ma propension à pleurer, je pleure tout le temps, ce qui n'est pas normal pour un garçon de

mon âge. Cela a commencé, ou du moins s'est manifesté clairement le soir du tableau blanc chez Serge. Après que Serge
avait montré à Marc, par un acte de pure démence, qu'il tenait davantage à lui qu'à son tableau, nous sommes allés dîner chez Émile. Chez Émile, Serge et Marc ont pris la décision d'essayer de reconstruire une relation anéantie par les événements et les mots. À un moment donné, l'un de nous a employé l'expression « période d'essai » et j'ai fondu en larmes.

L'expression « période d'essai » appliquée à notre amitié a provoqué en moi un séisme incontrôlé et absurde.

En réalité, je ne supporte plus aucun discours rationnel, tout ce qui a fait le monde, tout ce qui a été beau et grand dans ce monde n'est jamais né d'un discours rationnel.

Un temps.

Serge s'essuie les mains. Il va vider la bassine d'eau puis se met à ranger tous les produits, de sorte qu'il n'y ait plus aucune trace du nettoyage.

Il regarde encore une fois son tableau. Puis se retourne et s'avance vers nous.

SERGE : Lorsque nous sommes parvenus, Marc et moi, à l'aide d'un savon suisse à base de fiel[1] de bœuf, prescrit par Paula, à effacer le skieur, j'ai contemplé l'Antrios et je me suis tourné vers Marc :

    – Savais-tu que les feutres étaient lavables ?

    – Non, m'a répondu Marc... Non... Et toi ?

---

1. Bile du bœuf, produit visqueux ; peut-être utilisé comme émulsifiant ?

– Moi non plus, ai-je dit, très vite, en mentant.

Sur l'instant, j'ai failli répondre, moi je le savais. Mais pouvais-je entamer notre période d'essai par un aveu aussi décevant ?... D'un autre côté, débuter par une tricherie ?... Tricherie ! N'exagérons rien. D'où me vient cette vertu stupide ? Pourquoi faut-il que les relations soient si compliquées avec Marc ?...

La lumière isole peu à peu l'Antrios.

Marc s'approche du tableau.

MARC : Sous les nuages blancs, la neige tombe.

On ne voit ni les nuages blancs, ni la neige.

Ni la froideur et l'éclat blanc du sol.

Un homme seul, à skis, glisse.

La neige tombe.

Tombe jusqu'à ce que l'homme disparaisse et retrouve son opacité.

Mon ami Serge, qui est un ami depuis longtemps, a acheté un tableau.

C'est une toile d'environ un mètre soixante sur un mètre vingt.

Elle représente un homme qui traverse un espace et qui disparaît.

« ART »
de Yasmina Reza

a été créée le 28 octobre 1994
à la Comédie des Champs-Élysées (Paris)

Mise en scène : Patrice Kerbrat
Assistante à la mise en scène : Anne Bourgeois
Décor : Édouard Laug
Costumes : Pascale Fournier
Lumières : Laurent Béal

Distribution

Marc : Pierre Vaneck
Serge : Fabrice Lucchini
Yvan : Pierre Arditi

Production : Jacqueline Cormier

Après-texte

POUR COMPRENDRE

Étape 1	Le texte de théâtre : première lecture	84
Étape 2	« Mon ami Serge a acheté un tableau »	86
Étape 3	« Vingt briques, c'est un peu cher pour rire »	88
Étape 4	« On ne peut pas dire que c'est une merde »	90
Étape 5	« Je n'ai pas aimé… mais je n'ai pas détesté ce tableau »	92
Étape 6	« Quand je dis pour moi, je veux dire objectivement »	94
Étape 7	« Lis Sénèque »	96
Étape 8	« Yvan […] tu es un être hybride et flasque »	98
Étape 9	« Serge ? […] veux-tu m'expliquer l'au-delà du rugueux ? »	100
Étape 10	« Il fut un temps où tu étais fier de m'avoir pour ami »	102
Étape 11	La représentation théâtrale : dernière « lecture » du texte	104

GROUPEMENT DE TEXTES

Le goût des autres 106

INFORMATION/DOCUMENTATION

Bibliographie, filmographie, Internet, visites 121

Lire

1 Interprétez les guillemets du titre « *Art* ». Quelle différence faites-vous entre « Art », « l'art » et « l'Art » ?

2 Notez, tout au long de votre première lecture du texte, les indications de décor contenues dans les didascalies, sans oublier les accessoires. Quelles sont celles qui posent un problème de mise en scène ? Quelles indications habituelles sont totalement absentes ?

3 En vous aidant des notes de bas de page, essayez de caractériser le langage de chacun des trois personnages. Vous semble-t-il approprié à son statut social ?

4 En vous aidant de dictionnaires, classez les noms propres et distinguez les personnages réels des personnages inventés. Que suggèrent les noms inventés ? N'oubliez pas les prénoms des trois protagonistes, ainsi que leurs initiales.

5 Quels repères vous permettent de situer l'action dans le temps ? De déterminer sa durée ? Où placeriez-vous un entracte ?

6 Comparez les didascalies initiales et celles des pages 20 à 30. Qu'indiquent-elles respectivement ?

Écrire

Écrits fonctionnels

7 Résumez l'intrigue de « *Art* », en évitant paraphrases et citations.

8 Résumez l'intrigue d'un film que vous avez vu récemment (dénouement compris) en une trentaine de lignes.

Chercher

9 Cherchez des enregistrements (audio, vidéo) qui vous permettent d'entendre les voix des trois comédiens qui ont créé la pièce (p. 82).

10 Lisez une autre pièce de Yasmina Reza (*cf.* « Information/Documentation », p. 121).

Oral

11 Exercez-vous à dire les monologues de Marc (p. 15), de Serge (p. 17), d'Yvan (p. 34) avec des intonations et des débits inspirés des comédiens que vous aurez entendus.

12 Lisez de façon expressive une scène extraite d'une autre œuvre de Yasmina Reza.

À SAVOIR

POUR COMPRENDRE

LES CONVENTIONS THÉÂTRALES : ÉVOLUTION

Déjà mises à mal par les tenants du théâtre symboliste[1], les conventions théâtrales ont connu au cours du siècle de profonds bouleversements, dus en partie à la suprématie croissante du metteur en scène sur l'auteur.

Marivaux, Molière et Shakespeare n'ont jamais quitté l'affiche, mais leur nom s'efface parfois derrière celui du metteur en scène : *La Dispute* de Chéreau (1972), le *Dom Juan* de Vitez (1979), le *Tartuffe* de Mnouchkine (1995) et le *Hamlet* de Brook (2000) ont fait date.

Les auteurs, aussi, ont changé. Ceux de la première partie du siècle – Giraudoux (*Électre*, 1937), Sartre (*Les Mouches*, 1943) –, inspirés par le théâtre antique, tout en modernisant les mythes, respectaient les lois du genre : découpage de l'action en actes, subdivisés en scènes, et respect des bienséances. Quant à Ionesco et Beckett, ils ont toujours fait preuve d'une précision presque maniaque dans leurs didascalies. L'entrée en scène de jeunes dramaturges-écrivains (Koltès), de dramaturges-écrivains-cinéastes (Duras), de drama-turges-comédiens (Reza) révèle leur intérêt pour le texte « à dire ».

« *Art* » est découpé en tableaux, liés aux changements de décor, limités aux changements d'accessoires : un « tableau » par personnage. Aucun baisser de rideau n'étant signalé, la question du changement d'accessoires (« tableau blanc », « paysage figuratif », « croûte ») signalant les changements de lieu et de temps (« chez Serge », « chez Marc », « chez Yvan ») peut être résolue de diverses façons :

– un changement visible pour le spectateur, avec déplacement des acces-soires sur le plateau éclairé ;

– ou bien un changement rendu invisible par de rapides baissers de rideau.

La solution la plus efficace, pour éviter les ruptures de rythme, est sans doute celle du « noir » qui rappelle l'effet « fondu enchaîné » du cinéma. La même liberté de choix est laissée au metteur en scène pour isoler l'acteur qui mono-logue.

Quant aux indications de tonalité, d'expressivité, de mouvements, elles servent à rythmer le dialogue et laissent à l'acteur une grande liberté d'interprétation, ce qui n'est pas sans risque : la pièce vaut alors ce que vaut le comédien.

---

1. Voir, dans la collection « Classiques & Contemporains », *Ubu roi* d'Alfred Jarry.

Lire

1 Observez la répartition des dialogues et des monologues. Quelle mise en scène proposez-vous pour faire disparaître le personnage absent des monologues ? Comment dirigeriez-vous les comédiens à partir des didascalies des lignes 15 à 18 ?

2 Lisez à la suite les parties du texte dialoguées, puis le premier monologue de Marc et les deux monologues de Serge : comment interprétez-vous le « comme » de la ligne 49 ? Quels renseignements présents dans les monologues *ne pouvaient pas* être donnés par le dialogue ?

3 Interprétez la ponctuation des dialogues ; traduisez-la en sentiments, pour indiquer à des interprètes une façon de jouer. Précisez mimiques, gestes et déplacements.

4 Quelles connotations voyez-vous aux noms inventés pour désigner le peintre et le marchand ? Aidez-vous des dictionnaires de langue (anglais, grec) pour trouver les traductions des mots qui composent les noms.

5 Quels « types » humains reconnaissez-vous en Marc et Serge ? Quel type de raisonnement utilise Marc lignes 104 à 106 ?

Écrire

Écrit d'invention

6 Poursuivez (1 page environ) le dialogue entre Serge et Marc à partir de la réplique ligne 48 en trouvant, pour chaque personnage, d'autres justifications à leur attitude que celles proposées par l'auteur (pp. 18-19).

Écrit d'argumentation

7 « Être tolérant, c'est savoir fixer les limites du tolérable. » Commentez cette définition de l'éditorialiste du journal *Le Monde* (24 avril 2002) en l'appliquant au domaine d'expression de votre choix.

Chercher

8 Dans le but de réaliser une mise en scène de *« Art »*, cherchez dans des magazines de décoration des « salons » pouvant convenir au décor de la pièce. Vous pourriez imaginer de la transposer dans un autre pays ou à une autre époque : quel mobilier, quels costumes choisiriez-vous ?

9 Cherchez des reproductions de toiles « monochromes » sur les sites de musées d'Art moderne (situés à New York, Paris et Nice). Aidez-vous des sites Internet proposés page 122.

Oral

10 Lisez de façon expressive le premier dialogue, en alternant la distribution : les « Marc », devenant des « Serge », devront changer leur jeu.

11 Présentez des exposés critiques d'une dizaine de minutes sur un album musical *découvert* récemment.

À SAVOIR

POUR COMPRENDRE

LE TEXTE DE THÉÂTRE : TYPES DE RÉPLIQUES

Le texte à dire par les acteurs se compose de différents types de *répliques*, portant des noms précis. Le premier tableau de *« Art »* présente une belle variété de *monologues*, dits par un seul personnage, seul en scène. Bien que ne comportant pas l'indication « à part », on peut considérer comme *apartés* les monologues de Marc et de Serge s'adressant uniquement au public. Le premier fait fonction de prologue (comme dans les comédies de Musset) : il présente le personnage principal et expose la situation de départ (l'achat du tableau blanc). Les apartés suivants, plus subjectifs, n'informent pas seulement sur l'action, mais permettent d'entrer plus profondément dans la psychologie des personnages (snobisme de Serge, hypocondrie de Marc). Ces monologues s'allongent au fil de la pièce en fonction de l'intensité des conflits (*cf.* Étape 6). Le texte ne présente qu'une seule réplique très longue, justifiant l'appellation de *tirade*, celle d'Yvan au dernier tableau (*cf.* Étape 8), véritable morceau de bravoure pour comédien virtuose, déclenchant invariablement une salve d'applaudissements.

À l'opposé de la tirade, on trouve des échanges de répliques, brefs et symétriques, dans toutes les scènes à deux personnages. Ces échanges évoquent les « coups » que se portent deux adversaires en combat singulier, jusqu'à ce que l'un des deux prenne l'avantage avec une réplique plus longue. Dans le théâtre en vers, on parle de *stichomythie* (du grec *stikhos*, « vers », et *mutos*, « récit » – *cf.* Étape 8). Même s'il ne s'agit pas de vers, l'effet rythmique (et comique) du procédé se retrouve dans le théâtre de Yasmina Reza, fait de conversations, le plus souvent à deux personnages, où le dialogue apparaît comme la forme discursive du duel (*cf.* Étape 9).

« VINGT BRIQUES, C'EST UN PEU CHER POUR RIRE »

Lire

1 Quelles sont les similitudes et différences entre les didascalies de ce tableau et celles du précédent ?

2 Quelle peinture choisiriez-vous pour figurer « une croûte » (sujet ? manière ? époque ?) ?

3 Justifiez l'aparté d'Yvan (l. 113-119).

4 Quels sont les traits dominants du caractère d'Yvan qui apparaissent dans cette scène ? Correspondent-ils à l'évocation qu'en a faite Marc à la fin du premier tableau ?

5 Relevez les répliques de Marc qui révèlent son sentiment de supériorité.

6 Relevez les répliques d'Yvan qui montrent sa tolérance. Comment interprétez-vous cette attitude ? Ouverture d'esprit ou indifférence ?

7 Caractérisez les différentes attitudes de Marc avec ses amis.

Écrire

Écrits d'argumentation

8 Faites l'éloge *ou* le blâme de la tolérance (2 pages). Vous pouvez utiliser votre commentaire de la question 7 de l'étape précédente.

9 « Je suis prêt à expérimenter tous les plats qu'on voudra, même les plus étranges à mon goût et à mon régime. Mais on ne discute pas recettes de cuisine avec des anthropophages. » Commentez cette déclaration de Jean-Pierre Vernant, historien contemporain, et appliquez-la à d'autres situations que le contexte culinaire.

Chercher

10 Trouvez un enregistrement des *Enfants du paradis* de Marcel Carné (1945) pour visionner la séquence du « boulevard du Crime » (le texte existe dans l'*Avant-scène cinéma* ; le film est accessible en vidéo).

11 Visionnez une séquence du film *Le Goût des autres*, dont vous trouverez le découpage dans le groupement de textes (p. 106). Comparez les personnages d'Yvan et de Castella.

Oral

12 Discutez (pendant une quinzaine de minutes) de l'*intolérance* en matière de jugement esthétique, de jugement moral, de croyances religieuses. (Cet exercice pourrait servir de préparation à la question 8.)

ENTRE FARCE ET SATIRE : LA COMÉDIE DE MŒURS

Dans sa classification des genres poétiques, Aristote (384-322 av. J.-C.) exclut la comédie où s'illustrèrent, chez les Grecs, Aristophane (445-386 av. J.-C.) et, chez les Romains, Plaute (254-184 av. J.-C.) et Térence (190-159 av. J.-C.), ancêtres de la *comédie de mœurs* inventée par Molière. L'ensemble de son théâtre constitue une typologie de caractères – misanthrope, avare, bourgeois gentilhomme, précieuses ridicules – laissant deviner les implications sociales de l'intrigue. Il existe des différences de tonalité entre les farces du début et les satires plus ambitieuses de la fin de sa vie, mais la portée morale ne fait aucun doute.

Au XIXᵉ siècle, avec l'apparition du *mélodrame*, la comédie de mœurs évolue vers le « théâtre de boulevard[1] » et le *vaudeville* dont Labiche (1815-1888) et Feydeau (1862-1921) sont les plus illustres représentants. On les joue aujourd'hui dans les théâtres subventionnés : Jean-Michel Ribes a fait entrer *La Cagnotte* de Labiche à la Comédie-Française (1988) et Georges Lavaudant *Le Fil à la patte* de Georges Feydeau à l'Odéon (2000). Les auteurs à succès d'aujourd'hui, tels Jean-Michel Ribes (prix Molière 2002 pour son *Théâtre sans animaux*) et Yasmina Reza (prix Molière 1994 et Tony Award en 1998 pour « *Art* »), s'inscrivent dans cette tradition. Rien de tel que l'irruption de l'étrange, ou de l'étranger, dans un milieu fermé pour faire surgir vices et vertus, publics et privés.

L'originalité de la pièce « *Art* » est d'emprunter au vaudeville son canevas, le trio, pour le pervertir. La rivalité amicale remplace la rivalité amoureuse, mais souligne d'autant plus les relations de pouvoir inhérentes au sein d'une société de classes. Quant à la circulation du désir, en en changeant l'objet (l'amante), Yasmina Reza la rend paradoxalement plus visible : la focalisation de tous les personnages (donc du public) sur une « toile blanche » y permet l'inscription de fantasmes plus variés que dans la comédie traditionnelle, avec portes qui claquent et placards qui s'ouvrent.

---

1. Parce qu'il se jouait, et se joue encore, dans les théâtres situés boulevard Saint-Martin, boulevard Poissonnière, boulevard du Temple, etc.

« ON NE PEUT PAS DIRE
QUE C'EST UNE MERDE »

Lire

1 Découpez la scène en vous aidant des didascalies. Proposez un titre pour chaque partie.

2 Qu'indiquent les points de suspension lignes 257 et 352 ? Le point d'interrogation ligne 291 ?

3 Recensez toutes les formules d'acquiescement d'Yvan. Que révèlent-elles de sa personnalité ? De ses rapports avec Serge ?

4 Relevez les répliques exprimant le sentiment de supériorité de Serge à l'égard d'Yvan. Comparez avec le sentiment de supériorité de Marc (question 5, p. 88). Qu'est-ce qui les unit contre Yvan ?

5 Interprétez les rires de Serge et d'Yvan (l. 329-330).

6 Notez la progression des griefs de Serge à l'encontre de Marc (l. 362-369 et l. 81-88). Quel défaut soulignent précisément les lignes 348-349 ?

Écrire

Écrits fonctionnels

7 Résumez le point de vue critique de Marc sur le tableau blanc, en le reformulant. Résumez ensuite le point de vue critique de Serge sur le jugement de Marc.

8 Yvan demande à Serge s'il est « sorti » récemment. Que répondriez-vous à cette question ? Rédigez votre réponse sous la forme d'une chronique de journal (une quarantaine de lignes).

Écrit d'argumentation

9 Dites ce qu'est pour vous le rôle d'un bon critique d'art (peinture, cinéma, littérature, musique) en une trentaine de lignes.

Chercher

10 Faites une fiche lexicale sur le mot « mode » (étymologie, évolution, dérivés) et le mot « moderne ». Proposez votre définition de la modernité. Donnez des exemples empruntés au cinéma, à la musique, à la littérature...

11 Cherchez à définir et illustrer « l'Art contemporain » en vous aidant des résultats de la recherche de la question 9 (p. 86). Quelles « écoles », quels « mouvements » avez-vous rencontrés ? Dans quel ordre ?

Oral

12 Préparez des exposés sur des peintres du xxe siècle, figuratifs et non-figuratifs ; vous devrez faire apparaître nettement leurs différentes « périodes ». Au choix : Kandinsky, Malevitch, Braque, Matisse, Rothko, Warhol,

POUR COMPRENDRE

Duchamp, Lichtenstein, Pollock, Klein, Soulages.

13 Argumentez pour ou contre la « non-figuration ».

À SAVOIR

QU'EST-CE QUE LA MODERNITÉ ?

Anciens et *Modernes* s'affrontaient, il y a plus de trois siècles, sur la suprématie de la littérature d'inspiration « antique ». Racine et La Fontaine, dans le camp des Anciens, rejoignent aujourd'hui Perrault et Fontenelle, farouches défenseurs des Modernes dans une même époque, dite *classique* en littérature... et *baroque* en peinture...

Classiques et *Modernes* se sont battus lors de la première représentation d'*Hernani*, il y a près de deux siècles. Les Modernes d'alors étant les *Romantiques*, comme le seront aussi les peintres, vantés par Baudelaire dans ses *Curiosités esthétiques* et son *Peintre de la vie moderne*...

La variété des appellations pour désigner le mouvement révolutionnaire du siècle dernier *(Modern Style, Modernismo, Jugenstil, Art nouveau)* a le mérite de souligner ce qu'indique l'étymologie : est moderne ce qui est récent et que refuse généralement le misanthrope « classique » (Alceste) ou « contemporain » (Marc, que son ami Yvan juge trop classique). Il ne s'agit pas là d'un critère esthétique, mais d'un fait culturel. Et si le tableau blanc de Serge « vaut vingt briques », ce n'est pas à sa modernité qu'il le doit, mais à la célébrité d'un artiste « à la mode ». Ce qui ne préjuge en rien de sa valeur artistique.

Plus que la question de la modernité, motif récurrent de la comédie classique, c'est la question de la figuration qui sert d'enjeu au conflit entre Serge et Marc. Le débat n'est donc pas mondain (Serge est-il snob ?), mais philosophique (l'Art doit-il être mimétique ?). La victoire, apparente, de Marc consiste à transformer un tableau monochrome, abstrait, en tableau figuratif. La victoire (réelle ?) de Serge consiste à laisser croire que son tableau non-figuratif pourrait *représenter* « un homme [...] qui disparaît ».

POUR COMPRENDRE

« JE N'AI PAS AIMÉ... MAIS JE N'AI PAS DÉTESTÉ CE TABLEAU »

Lire

1 Quel peintre choisiriez-vous pour représenter la didascalie de la ligne 379 ? Vous pouvez chercher dans votre environnement.

2 Rapprochez la première réplique d'Yvan (l. 381) de la première réplique de Serge au tableau précédent (l. 257). Que suggèrent-elles ? Pouvez-vous évaluer le temps écoulé entre les deux scènes ?

3 Partagez-vous l'interprétation des rires de Serge et Yvan faite par Marc (l. 411-416) ?

4 Comment interprétez-vous la résistance d'Yvan au jugement de Marc (l. 421-436) : révélation de sa personnalité ou courtisanerie d'Yvan par rapport à Serge ?

5 Notez la progression de la cruauté de Marc à l'égard d'Yvan. Rapprochez cette scène de la précédente, avant la découverte du tableau par Yvan (l. 215-217). Quel rôle joue le tableau dans les relations entre les deux amis ?

6 Partagez-vous le point de vue de Marc sur Yvan (l. 461-462) ?

Écrire

Écrits d'invention

7 Les quatre tableaux de la première partie ont vu s'affronter les trois protagonistes dans une succession de dialogues ayant « le » tableau blanc pour sujet de discussion. Imaginez un dialogue de plus, entre Yvan et Catherine, sa fiancée, ayant pour thème « le » même tableau.

8 Rédigez le monologue de Catherine ayant reçu le tableau blanc en cadeau de mariage.

Chercher

9 Cherchez dans le théâtre de Molière (*Le Misanthrope* – acte V, scène 4 –, ou *Le Bourgeois gentilhomme* – acte I) un écho des personnages de Yasmina Reza (d'un point de vue psychologique ou sociologique).

10 Cherchez dans le cinéma contemporain (*Un air de famille* de Klapisch – 1996 –, *Le Goût des autres* de Jaoui – 1998) des situations du même type que celle de la dernière scène étudiée. Quelle est, d'après vous, la spécificité du cinéma, comparé au théâtre, en tant que moyen d'expression ?

Oral

11 Lisez de façon expressive des extraits de Molière et commentez des extraits de films sélectionnés.

À SAVOIR

POUR COMPRENDRE

RAPPORT À L'ART ET RELATIONS DE POUVOIR

Si l'on considère la prise de parole comme prise de pouvoir et le *dialogue* comme forme discursive du *duel*, la scène de théâtre apparaît comme le lieu le plus apte à représenter les relations de pouvoir qui régissent les rapports humains (*cf.* Étape 7). Il ne faut donc pas s'étonner que le théâtre ait si souvent utilisé la problématique de l'Art pour révéler les clivages *dominants/dominés* à l'instar des sociologues[1]. « Tu nies que je puisse apprécier en mon nom ce tableau ! » crie Yvan (dont « la vie professionnelle a été un échec ») à son ami Marc, « ingénieur en aéronautique ». Aucun des artistes petits-bourgeois, dont le film d'Agnès Jaoui présente une large brochette, ne peut croire à l'émotion d'un artisan « parvenu » devant un texte de Racine ou une toile non-figurative. L'amour de l'Art est-il inné ou acquis ? Quel rôle jouent les conditions sociales dans l'accès aux œuvres culturelles en général, à l'art moderne en particulier ? Existe-t-il des dispositions nécessaires pour goûter une œuvre d'art[2] ? C'est ce que pense Serge qui reproche à Marc son manque de curiosité ; c'est aussi ce que pense Marc qui accuse Serge de snobisme, et Yvan de complaisance. Avant d'être des types psychologiques, comme dans la comédie classique (ici : le « misanthrope », l'« esthète » et le « gai luron »), les personnages de Yasmina Reza relèvent d'une typologie sociale que l'on retrouve dans le cinéma contemporain. Tout se passe comme dans les films de Woody Allen, qui a trouvé dans les différences de goût entre Californiens et New-Yorkais, entre dramaturge et mafieux, entre intellectuel et prostituée, le ressort comique de nombre de ses films.

1. Pierre Bourdieu, *La Distinction*, Minuit, 1979 (surtout chap. IV, « La dynamique des champs », qui étudie la correspondance entre la production des biens et la production du goût).
2. Les réponses sont dans *L'Amour de l'Art* (Minuit, 1969), enquête réalisée sous la direction de Pierre Bourdieu.

« QUAND JE DIS POUR MOI, JE VEUX DIRE OBJECTIVEMENT »

Lire

1 Observez entre quelles répliques sont insérés les trois monologues. Quel dispositif scénique vous semble le plus judicieux pour jouer la scène ? Laissez-vous vos comédiens debout ?

2 Indépendamment du texte à dire, quelles différences de posture, de gestuelle, de mimiques conseilleriez-vous à chaque comédien, compte tenu de ce que vous connaissez maintenant des personnages ?

3 Comparez les réseaux lexicaux dominants de chaque monologue. Interprétez-les, d'abord séparément, du point de vue de la typologie des caractères, puis en les mettant en relation pour approfondir les relations sociales et affectives entre les trois amis.

4 Relevez les phrases de discours rapporté dans les monologues d'Yvan. Reformulez-les, en en conservant le sens.

5 Interprétez le conditionnel dans le monologue de Serge. Reformulez la phrase sans conditionnel en conservant les mêmes nuances.

6 Comment comprenez-vous le raisonnement de Marc (l. 502-504) ? Expliquez l'adverbe « physiquement ». Trouvez-lui des synonymes dans ce contexte.

7 Pourquoi Serge juge-t-il nécessaire de traduire « pour moi » (l. 484) ? « Pour vous », le jugement de Serge est-il « objectif » ?

Écrire

Écrit d'invention

8 Choisissez l'un des monologues, en fonction de votre sympathie pour les personnages. Récrivez-le en récit à la troisième personne, qui pourrait être extrait d'un roman ou d'un texte de théâtre, dit par un « récitant » (1 page).

Chercher

9 Recherchez des monologues dans le théâtre classique et contemporain. À titre d'exemples : *George Dandin* (I, 1), Molière ; *Andromaque* (V, 1), Racine ; *L'Illusion comique* (II, 2), Corneille ; *Le Barbier de Séville* (I, 1), Beaumarchais ; *Antigone* (prologue), Anouilh ; *Oh ! les beaux jours* (début), Beckett. Comparez-les entre eux et avec ceux du texte d'« *Art* » en fonction de leur rôle dans l'action dramatique.

Oral

10 Lectures théâtralisées des monologues de la question 9, suivies de

POUR COMPRENDRE

commentaires sur la fonction drama-tique du monologue.

11 Discussion à l'issue d'une projec-tion de la séquence du monologue d'Hamlet dans le film d'Ernst Lubitsch : *To be or not to be* (1942).

À SAVOIR

UNE RÈGLE DU JEU : LE MONOLOGUE

Si nombre de *conventions théâtrales* se sont assouplies dans le domaine de la dramaturgie (contraintes structurales) et de la morale (règles de bienséance), le *texte dramatique* conserve sa spécificité qui le distingue du texte romanesque, voire du dialogue de cinéma. Il peut arriver que le théâtre adapte un roman (*Hygiène de l'assassin*, d'Amélie Nothomb) ou un film (*La Boutique au coin de la rue*, d'Ernst Lubitsch), mais il est rare qu'un texte écrit pour le théâtre ne comporte pas de monologue, ne serait-ce que sous la forme artificielle de l'aparté. La pièce de Yasmina Reza présente l'éventail complet des fonctions du monologue théâtral :

– l'invitation au public d'assister au spectacle (Marc, p. 15) comme dans le prologue d'*Antigone* d'Anouilh ;

– la délibération du personnage hésitant sur la conduite à tenir avant de déci-der d'une action (Marc, pp. 35-36) ;

– l'explication psychologique que ne permet pas le dialogue, trop vif, surtout dans la comédie (Serge, pp. 35 et 42), et qui entretient le suspens ;

– une conclusion ouverte, qui incite à la réflexion et laisse le spectateur libre de son interprétation (Yvan, Serge et Marc, pp. 79-81).

La succession de trois monologues est rare et signale des moments straté-giques de l'action : point crucial de l'intrigue, après l'exposé de la situation (pp. 34-36), ou dénouement (pp. 79-81), ils rythment le spectacle et partici-pent avec les « silences » et les « rires » à la musicalité du texte ; on reconnaît chaque personnage à sa partition.

Lire

1 Relevez les répliques qui montrent les efforts de conciliation de Marc. Quel geste montre que sa douceur n'est pas naturelle ?

2 Notez la progression de l'énervement de Serge. Quelles altérations remarquez-vous dans son langage ? Quels gestes traduisent son agitation ? Pourquoi s'énerve-t-il ?

3 Étudiez les variations de rythme dans la scène : d'où viennent-elles ? Que signifient les répliques plus longues de Serge (l. 525-529) et de Marc (l. 542-546), outre leur contenu sémantique ?

4 Quelle importance accordez-vous à l'épisode « Sénèque » ? Que pensez-vous de l'explication donnée par Serge pour justifier son choix littéraire (l. 525-529) ? Quelles connotations le nom du philosophe donne-t-il à la situation ?

5 Lisez de plusieurs façons différentes les « Lis Sénèque » de Serge. Définissez les tons employés.

6 Comparez le monologue de Serge avec les précédents (pp. 17-18). Comment se traduit la montée des pulsions agressives dans la syntaxe, le vocabulaire et les intonations dont rend compte la ponctuation ?

7 Comment interprétez-vous les changements de pronom dans les monologues ? Comprenez-vous qu'on puisse se fâcher pour un mot ? Comprenez-vous qu'on ait besoin d'estimer son ami « supérieur » ?

Écrire

Commentaire

8 En vous aidant des réponses aux questions 1 à 5, rédigez le commentaire composé des lignes 509 à 538. Vous pouvez vous contenter d'un plan en deux parties : la première pourrait mettre en évidence le type de relation qui s'instaure entre les deux amis au début de la scène, la seconde viserait à révéler leur caractère, superficiel et profond.

Chercher

9 Faites une recherche (dictionnaire) sur Sénèque (vie et œuvre) et sur la peinture flamande (histoire et esthétique).

10 Visitez le site de « Beaubourg », ou Centre national d'Art contemporain (*cf.* « Information/Documentation », p. 121).

POUR COMPRENDRE

Oral

11 Jouez la scène jusqu'à l'arrivée d'Yvan (sans les monologues) en exagérant le contraste des comportements.

12 Présentez le personnage que vous préférez, en justifiant votre choix par une rhétorique élogieuse, ou bien celui que vous aimez le moins, en recourant à l'ironie.

À SAVOIR

ACTION DRAMATIQUE : FONCTIONS ACTANTIELLES DES PERSONNAGES

On parle au théâtre d'action *dramatique* parce qu'on y voit les personnages *agir* sur scène (*drama* : « action »). À leur fonction psychologique liée à leur personnalité, s'ajoute donc une *fonction actantielle* découlant de leur rôle dans l'action.

On distingue quatre fonctions principales :

– le *sujet*, personnage central, oriente le dynamisme de l'action (Serge) ;

– l'*objet* représente pour le sujet le but à atteindre – le plus souvent l'amant(e) – ; dans *«Art»*, l'objet est le tableau blanc, objet du désir pour Serge et sujet de discussion de tous les dialogues ;

– l'*opposant*, qui fait obstacle à l'action du sujet, est souvent un vieillard autoritaire (père ou rival) ; ici, cette fonction est tenue par Marc ;

– face à l'opposant, l'*adjuvant* aide le sujet : Yvan soutient Serge dans ses choix.

Chez Molière, fonctions actantielle et psychologique vont de pair : les vieillards sont acariâtres et odieux (Harpagon) et les adjuvants plutôt habiles et sympathiques (Scapin). Rien n'empêche de concevoir un sujet odieux ou ridicule, ce qui renverse les personnalités, mais non la fonction actantielle des deux autres.

C'est d'ailleurs ce qui arrive au cours de la deuxième partie de la pièce. En se portant au secours tantôt de Serge, tantôt de Marc, Yvan provoque rebondissements et retournements de situation (*cf.* Étape 10). La deuxième scène entre Serge et Marc (pp. 36-42) présente une variation intéressante : l'esquive de Marc, abandonnant sa fonction d'opposant, déstabilise Serge qui emprunte alors à Marc ses traits les moins sympathiques. Renversement qui annonce une nouvelle configuration des alliances...

« YVAN [...] TU ES UN ÊTRE HYBRIDE ET FLASQUE »

Lire

1 Que révèle la très longue réplique d'Yvan sur sa personnalité et sa fonction actantielle ?

2 Situez socialement toutes les personnes de son environnement citées par Yvan. Comparez avec les relations de Marc et de Serge.

3 Placez dans la tirade d'Yvan une ponctuation qui indique au comédien où reprendre son souffle. Résumez en une phrase le contenu sémantique de la tirade.

4 Pour quelle raison le trio est-il au complet pour la première fois sur la scène ? Relevez les répliques qui montrent le mieux le schéma actantiel.

5 Quelle réplique signale à la fois l'accélération du rythme, l'accentuation des conflits et le renversement possible des alliances ?

6 Lequel des trois personnages vous paraît le plus sympathique dans cette scène ? Pourquoi ? Votre jugement a-t-il évolué depuis le début de la pièce ?

7 Comment interprétez-vous la sortie d'Yvan ? Est-ce de la lâcheté ?

Écrire

Écrit fonctionnel

8 Rédigez des didascalies détaillées pour la tirade d'Yvan en vous appuyant sur votre réponse à la question 3 et votre recherche de la question 9.

Écrit d'imagination

9 Transformez en scène Yvan/Huguette (sa mère) un extrait du monologue d'Yvan (l. 707-725).

Chercher

10 Trouvez des exemples de tirades ou de longs flux de paroles dans le théâtre du siècle dernier. Par exemple : *Cyrano de Bergerac* (1897) d'Edmond Rostand (I, 4) ; *Oh ! les beaux jours* (1963) de Samuel Beckett ; *La Nuit juste avant les forêts* (1997) ou tout autre pièce de Bernard-Marie Koltès. Vous trouverez des didascalies très détaillées dans le monologue final de Bérenger, « héros » de *Rhinocéros* (1958) de Ionesco.

Oral

11 Entraînez-vous à la déclamation des tirades sélectionnées.

12 Jouez la tirade d'Yvan à une voix, puis à plusieurs en supprimant les incises déclaratives de façon à faire apparaître les dialogues Yvan/Catherine et Yvan/Huguette.

RIRES ET DÉLIRES : LA TIRADE

À la fois moins conventionnelle et moins révélatrice que le monologue, la *tirade* est pour l'acteur l'occasion de séduire – ou d'ennuyer ! – un public qui se trouve impliqué dans la même situation d'écoute que les autres personnages réduits au silence par la longueur du texte. La tirade constitue l'examen de passage obligé de l'apprenti comédien devant le jury de Conservatoire : Agnès dans *L'École des femmes* ou Antigone dans la pièce éponyme d'Anouilh ; Cyrano dans *Cyrano de Bergerac* ou Perdican dans *On ne badine pas avec l'amour*. Le répertoire classique ne manque pas de ces *morceaux de bravoure*, présents dans toutes les anthologies littéraires. Le théâtre contemporain, sous l'influence de l'écriture romanesque (monologue intérieur) et du dialogue de cinéma, a fait évoluer la tirade vers un flux de paroles, moins oratoire, souvent trivial, qui crée un sentiment d'intimité entre le spectateur et le personnage (Beckett, Pinget). Comme le monologue, la tirade peut révéler des motivations, conscientes ou inconscientes, du personnage ou simplement déclencher rires et applaudissements par contamination d'ivresse verbale. La tirade d'Yvan fait rire, elle n'est pas absolument nécessaire à l'intrigue, mais il suffit de l'imaginer jouée par des comédiens aussi différents que Pierre Arditi et Michel Blanc (qui se sont succédé dans le rôle) pour en mesurer l'intérêt dramatique.

L'effet comique vient en grande partie de ce que la tirade est composée essentiellement de discours rapportés. Celui de la future femme d'Yvan, Catherine, et celui de sa mère, dans lesquels sont emboîtés d'autres discours rapportés : ceux de la femme de ménage, Madame Roméro. Effet comique et intérêt dramatique sont liés. L'avalanche de discours rapportés explique le comportement d'Yvan, soumis à la tyrannie matriarcale.

« SERGE ? [...] VEUX-TU M'EXPLIQUER L'AU-DELÀ DU RUGUEUX ? »

Lire

1 Interprétez tous les « silences » de la scène. Remplacez ces didascalies par d'autres plus explicites (comment les personnages se « taisent-ils » ?).

2 Quel rebondissement pourrait entraîner le départ d'Yvan ? Son retour est-il prévisible ?

3 Interprétez le langage psychanalytique d'Yvan. Êtes-vous surpris de découvrir qu'Yvan est « en analyse » ?

4 Montrez que le ton d'Yvan à l'égard de ses amis n'est plus le même depuis qu'il a révélé ses séances chez Finkelzohn.

5 Comment interprétez-vous les divergences de réaction de Serge et Marc à la révélation d'Yvan ? Quels nouveaux motifs de discorde interviennent entre Marc et Serge ?

6 Le contentieux Serge/Marc quant au tableau a-t-il évolué ? Quelle réplique relance le débat en aggravant la tension ?

7 Quel est le « rôle » d'Yvan dans la discussion sur Paula ? Dans quel genre de film voit-on des scènes de ce genre ?

8 Quel type de relation de couple suggère la réaction de Marc aux attaques de Serge ? Comparez les couples Marc/Paula et Serge/Françoise (l. 525-529). Les jugez-vous différents du futur couple Yvan/Catherine ?

9 Parvenus à ce point de rupture, lequel des trois amis a-t-il le plus à perdre, en perdant les deux autres ?

Écrire

Écrit d'invention

10 Poursuivez la scène à partir des lignes 1363-1364 en la faisant aboutir à une réconciliation entre les trois amis. Faites alterner des répliques courtes et parallèles, avec des répliques plus longues, explicatives...

Chercher

11 De nombreuses scènes de théâtre, de films, de sketches ou d'entrées de clowns reposent sur l'effet comique de l'agression verbale se transformant en agression physique. Cherchez-en des exemples : films burlesques, vaudevilles, théâtre de Molière et de Jarry, dont l'*Ubu roi* offre un grand choix de scènes de ménage (I, 1 ; II, 6 ; III, 1 ; et surtout V, 1).

Oral

12 Jouez les scènes sélectionnées dans la question précédente, soit en improvisant à partir du canevas type de « la » scène, soit en lisant de façon expressive les scènes écrites par Jarry.

À SAVOIR

L'AFFRONTEMENT VERBAL : DU DUEL AU MEURTRE SYMBOLIQUE

Contraint par les bienséances à cacher combats et assassinats, hors de scène, le dramaturge de l'époque classique a longtemps eu recours au seul dialogue pour rendre compte des passions et des pulsions les plus extrêmes. C'est dans un duel verbal que s'affrontent d'abord Rodrigue et le Comte (*Le Cid*, II, 2), Britannicus et Néron (*Britannicus*, III, 8), Dom Juan et Dom Carlos (*Dom Juan*, V, 3). Les codes de la bienséance ont évolué et les scènes de théâtre n'ont rien à envier aux écrans de cinéma ou de télévision en matière d'atrocités ou de trivialités, « réalistes » quoique simulées. Le dialogue reste pourtant la forme symbolique de combat que préfèrent les dramaturges. Forme qui possède sa rhétorique propre. On a vu (*cf.* Étapes 7 et 8) que la longueur des répliques pouvait être révélatrice de la fonction actantielle des personnages et que la tirade, en valorisant un comédien, donnait du poids à son personnage. À l'opposé de la tirade, se trouve la *stichomythie* qui fait se succéder très rapidement des répliques d'égale longueur. Ce procédé est utilisé dans chaque affrontement à deux ou trois personnages. Dans ce dernier cas, un geste brutal de l'un des belligérants (coup sur l'oreille) entraîne une aggravation du conflit, en même temps qu'un déplacement de l'agressivité des deux ennemis sur la tierce personne pacifiste qui tentait d'arbitrer... C'est encore une fois la prise de position de l'adjuvant en faveur de l'opposant – Marc, via Paula – qui entraîne le déplacement de l'agressivité et provoque l'alliance des deux camps ennemis contre l'arbitre. La nature du coup est d'ailleurs symboliquement adaptée à la fonction de la victime à qui l'on demande, depuis le début de la pièce, de prêter une oreille favorable à l'une et l'autre cause. Réaction classique du mécanisme de « tarte à la crème » de la farce burlesque au cinéma, comme au théâtre. L'un des plus beaux exemples de la valeur meurtrière du langage est dans *La Leçon* (1951) d'Eugène Ionesco où le dialogue entre le maître et l'élève se termine par le meurtre (en scène) de l'élève !

« IL FUT UN TEMPS OÙ TU ÉTAIS FIER DE M'AVOIR POUR AMI »

Lire

1 Relevez tout ce qui signale l'approche du dénouement dans la réplique de Serge (l. 1399-1400), dans l'emploi des temps par Marc (l. 1403-1417).

2 Quelle réplique déclenche un premier rebondissement dramatique ? Est-il vraiment surprenant ? Quelle fin annonce-t-il ?

3 Quel geste amorce un second rebondissement modifiant le précédent ? Quelle nouvelle fin attend-on ?

4 Partagez-vous l'analyse d'Yvan sur le trio d'amis (l. 1438-1443) ? Comment interprétez-vous ses larmes (l. 1487) ? Quelle est la tonalité de sa tirade (l. 1489-1503) ? Doit-elle faire rire ?

5 Comment interprétez-vous la disparition progressive du texte « à dire », au profit du texte « à lire » (pp. 76-79).

6 Quel rôle joue le bol d'olives dans la scène ? Quelle autre nourriture voit-on absorber au cours de la pièce ? Interprétez ces détails.

7 Lequel de Marc ou Serge vous paraît le plus cruel à l'égard d'Yvan ? Yvan vous semble-t-il mériter son sort ?

8 Relevez dans les didascalies des pages 77-78 tout ce qui permet de visualiser la transformation du tableau blanc. Quel style de tableau Marc est-il en train de réaliser ?

9 Interprétez les réactions de Serge et d'Yvan (l. 1571-1572) au geste de Marc.

10 Quelle conclusion morale les trois monologues donnent-ils à la pièce ? Vous semble-elle correspondre à ce que suggère la scène décrite page 79 ? Choisissez, dans chaque monologue, une phrase qui symbolise chacun des personnages.

Écrire

Écrits d'argumentation

11 Le dénouement de la pièce de Yasmina Reza révèle-t-il une vision optimiste ou pessimiste des relations humaines ? Rédigez votre point de vue en vous appuyant sur des moments précis de la pièce et illustrez votre développement de citations extraites des répliques d'« *Art* ».

12 Commentez et discutez l'affirmation d'Yvan : « Tout ce qui a été beau et grand dans ce monde n'est jamais né d'un discours rationnel. »

Chercher

13 Cherchez des dénouements de comédies (théâtre ou cinéma) qui surprennent le spectateur et donnent une autre dimension à ce qui vient d'être vu (par exemple, *Tartuffe*, *Le Mariage de Figaro*, *On ne badine pas avec l'amour*).

Oral

14 Courts débats contradictoires sur la critique des personnages : lequel souhaiteriez-vous avoir (ou ne pas avoir) pour ami ? Pourquoi ?

15 Lisez successivement les premiers et derniers monologues de Marc, Serge et Yvan.

À SAVOIR

REBONDISSEMENTS ET DÉNOUEMENT

Au théâtre, l'action progresse par une succession de rebondissements, le plus souvent déclenchés par les révélations des personnages, dans la comédie (fourberies annoncées de Scapin) comme dans la tragédie (aveux et confidences de Phèdre). Le mélodrame (Hugo) et le vaudeville (Feydeau) fourmillent de rebondissements, mêlant révélations (complots et adultères) et coups de théâtre (portes qui claquent, placards qui s'ouvrent). Le dernier rebondissement de l'intrigue constitue le dénouement et propose une signification pour l'ensemble. Le plus inattendu fait intervenir un *deus ex-machina* au propre ou au figuré : au lieu du « dieu » descendant des cintres de théâtre au moyen d'une machine, on a le plus souvent un personnage surgissant au bon moment pour apporter une solution inespérée à une situation bloquée (*Iphigénie*, Racine ; *Tartuffe*, Molière). L'action de la pièce *« Art »* est tout entière contenue dans les conversations qui révèlent successivement le désaccord entre Serge et Marc, la tentative d'alliance de chacun d'eux avec Yvan, dont les réactions entraînent une aggravation du conflit et dont les entrées et sorties rythment la dernière partie. L'ultime rebondissement d'*« Art »* (nettoyage du tableau blanc) constitue un dénouement ambigu qu'on peut rapprocher de celui d'autres pièces célèbres : *La Cerisaie* de Tchekhov ou *En attendant Godot* de Beckett. Le spectacle terminé, il semble que la conversation initiale pourrait reprendre avec un autre sujet de discussion (« Argent » ? « Amour » ? « Atome » ?).

LA REPRÉSENTATION THÉÂTRALE :

DERNIÈRE « LECTURE » DU TEXTE

Lire

1 Reportez-vous au contexte historique (p. 7) de la création d'« *Art* » et dégagez les grands traits de la période (autour de 1994).

2 Relisez la présentation biographique de Yasmina Reza et dégagez des traits qui vous semblent aller dans le sens de l'évolution culturelle, en France, à la fin du XXe siècle.

3 Votre lecture approfondie de la pièce a-t-elle modifié les significations que vous apportiez au titre (*cf.* question 1, p. 84) ? Proposez un sous-titre.

4 La vision de la pièce, jouée, entraîne-t-elle un changement dans votre rapport affectif aux personnages ? Quels comédiens auriez-vous choisis pour incarner Serge, Yvan et Marc au théâtre ? Au cinéma ?

5 Comprenez-vous, maintenant, le succès de cette pièce dans des pays aussi différents que l'Afrique du Sud et le Japon ? Dans quels pays vous semble-t-elle impossible à représenter ?

6 Quel dénouement auriez-vous personnellement apporté à la pièce ? Pourquoi ?

7 Lisez le groupement de textes (p. 106) et dégagez la portée morale de chaque extrait théâtral. Confrontez l'analyse de Bourdieu (texte 6) aux extraits du film *Le Goût des autres*.

Écrire

Écrit d'argumentation

8 « Avoir une perception tragique du monde n'exclut pas la légèreté. » Comment comprenez-vous cette déclaration de Yasmina Reza ? Pensez-vous qu'elle puisse s'appliquer à la compréhension de sa pièce « *Art* » et aux pièces de théâtre que vous connaissez ?

Écrit fonctionnel

9 Résumez l'extrait de Bourdieu (p. 118) en une dizaine de lignes.

Chercher

10 Après avoir visionné tout ou partie du film d'Agnès Jaoui, *Le Goût des autres*, comparez sa problématique du « goût » avec celle de « *Art* » ; tentez en outre de dégager la spécificité de chacun de ces moyens d'expression.

Oral

11 Lecture à voix haute d'un extrait de *La lettre à d'Alembert sur les spectacles* (1758) de Jean-Jacques Rousseau, suivie d'un débat.

POUR OU CONTRE LE THÉÂTRE : « ÉCOLE DE VICES » OU « PURGATION DES PASSIONS » ?

Le débat sur l'influence faste ou néfaste du théâtre, que prolonge aujourd'hui le débat sur l'image de cinéma (ou de télévision), remonte à ses origines. Le premier défenseur en est Aristote, qui voit dans le spectacle théâtral une occasion de se libérer de ses passions en les voyant représentées. Effet *cathartique* (*catharsis* : « purification ») et positif pour Voltaire également qui voit dans le théâtre des leçons de « vertu, de raison et de bienséance ». Rousseau, au contraire, reproche à la tragédie de provoquer des émotions dangereuses et à la comédie d'être une « école de vices et de mauvaises mœurs » (témoin le théâtre de Molière). Quel que soit le but recherché par le dramaturge (plaire, émouvoir, éduquer), il est certain que l'effet obtenu échappe à son contrôle puisqu'il varie en fonction de la présence physique des acteurs, du pouvoir de séduction de la mise en scène et de la qualité du public, qui change à chaque représentation.

Reste le texte qui assure la pérennité de l'œuvre et permet à Plaute, Aristophane ou Eschyle de toucher toujours de nouveaux publics. Celui de Yasmina Reza, écrit pour des comédiens d'aujourd'hui, séduit immédiatement par la satire de types humains facilement identifiables. Au-delà de l'effet-miroir du microcosme social qui déclenche le rire par contagion, ou réaction, la comédie « *Art* » dessine en filigrane une image de l'Homme, être social, être sexué, qui, à la réflexion, ne prête guère à rire.

LE GOÛT DES AUTRES

Rien n'est plus beau pour le crapaud que sa crapaude et, de cette relativité du beau, Voltaire tire une leçon de tolérance (*cf.* texte 1). L'affaire semble entendue et pourtant les divergences de goût, au sens propre (« faculté gustative ») comme au sens figuré (« disposition intellectuelle »), alimentent des conflits qui fournissent au théâtre et au cinéma nombre d'intrigues. Nul besoin de partir pour les antipodes pour découvrir l'altérité… La réciprocité de cette relation à l'autre est génératrice d'effets comiques, dans le vaudeville (*cf.* texte 2) comme au cinéma. C'est l'effet « arroseur-arrosé » dont le film d'Agnès Jaoui montre une variante originale (*cf.* texte 3). Film qui invite à réfléchir sur la façon dont le goût qu'on a *pour* les autres peut mener à partager leurs goûts. Parce qu'il tombe amoureux de Clara, l'interprète de *Bérénice*, Castella – qui déteste le théâtre – se prend de passion pour Racine, hante les librairies et les galeries d'art moderne – ce qui n'est pas du goût de son épouse (*cf.* texte 4). Ce désaccord esthétique pourrait mener au divorce, entre amis *(« Art »)* ou entre époux, comme on le voit dans la pièce de Jean-Michel Ribes (*cf.* texte 5). Faut-il en conclure que l'accès à la culture serait une sorte de privilège de nature ? L'examen scientifique des pratiques culturelles (*cf.* texte 6) montre au contraire que le goût (« disposition cultivée ») ne relève pas de la prédestination mais de l'éducation qui, comme l'on sait, ne s'acquiert pas seulement sur les bancs de l'école.

Voltaire (1694-1778)

Dictionnaire philosophique portatif (1769)

Cet ouvrage, d'abord conçu comme une critique rationnelle de la religion, est vite devenu pour Voltaire un instrument de lutte contre l'« infâme » (l'intolérance) et la « tyrannie ». La vocation pédagogique de l'ouvrage ne fait aucun doute : toutes les idées subversives de Voltaire s'y trouvent recensées, suivant un ordre alphabétique, qui place l'article « Beau » entre « Baptême » et « Bêtes ».

Demandez à un crapaud ce que c'est que la beauté, le grand beau, le *to kalon*[1]. Il vous répondra que c'est sa femelle avec deux gros yeux ronds sortant de sa petite tête, une gueule large et plate, un ventre jaune, un dos brun. Interrogez un nègre de Guinée ; le beau est pour lui une peau noire, huileuse, des yeux enfoncés, un nez épaté.

Interrogez le Diable ; il vous dira que le beau est une paire de cornes, quatre griffes, et une queue. Consultez enfin les philosophes, ils vous répondront par du galimatias ; il leur faut quelque chose de conforme à l'archétype du beau en essence[2], au *to kalon*.

J'assistais un jour à une tragédie auprès d'un philosophe. « Que cela est beau ! disait-il.

– Que trouvez-vous là de beau ? lui dis-je.

– C'est, dit-il, que l'auteur a atteint son but. » Le lendemain il prit une médecine qui lui fit du bien. « Elle a atteint son but, lui dis-je ; voilà une belle médecine ! » Il comprit qu'on ne peut dire qu'une médecine est belle, et que pour donner à quelque chose le nom de *beauté*, il faut qu'elle

---

1. En grec, « le beau ».
2. La beauté idéale.

vous cause de l'admiration et du plaisir. Il convint que cette tragédie lui avait inspiré ces deux sentiments, et que c'était là le *to kalon,* le beau.

Nous fîmes un voyage en Angleterre : on y joua la même pièce, parfaitement traduite ; elle fit bâiller tous les spectateurs. « Oh ! oh, dit-il, le *to kalon* n'est pas le même pour les Anglais et pour les Français. » Il conclut, après bien des réflexions, que le beau est très relatif, comme ce qui est décent au Japon est indécent à Rome, et ce qui est de mode à Paris ne l'est pas à Pékin ; et il s'épargna la peine de composer un long traité sur le beau.

Georges Feydeau (1862-1921)

On purge bébé (1910), Librairie théâtrale, 2000.

Moins moraliste que Labiche, mais plus virulent que lui dans la satire de la médiocrité bourgeoise, Feydeau a perfectionné et renouvelé le genre du vaudeville, qui triomphe encore aujourd'hui sur les scènes de boulevard et à la Comédie-Française (*Le Dindon* ; *Mais ne te promène donc pas toute nue*). Au début de *On purge bébé,* Follavoine, fabricant de porcelaine, cherche dans le dictionnaire la réponse à une question que lui a posée Toto, âgé de 7 ans…

FOLLAVOINE, *son dictionnaire ouvert devant lui sur la table.* Voyons : « Iles Hébrides ?… Îles Hébrides ?… Îles Hébrides ?… » *(On frappe à la porte. Sans relever la tête et avec humeur.)* Zut ! entrez ! *(À Rose qui paraît.)* Quoi ? Qu'est-ce que vous voulez ?

ROSE, *arrivant du pan coupé de gauche.* C'est Madame qui demande Monsieur.

FOLLAVOINE, *se replongeant dans son dictionnaire et avec brusquerie.* Eh ! bien, qu'elle vienne !… Si elle a à me parler, elle sait où je suis.

ROSE, *qui est descendue jusqu'au milieu de la scène.* Madame est occupée dans son cabinet de toilette ; elle ne peut pas se déranger.

FOLLAVOINE. Vraiment ? Eh bien, moi non plus ! Je regrette ! je travaille.

ROSE, *avec indifférence.* Bien, Monsieur.

(Elle fait mine de remonter.)

FOLLAVOINE, *relevant la tête, sans lâcher son dictionnaire. Sur le même ton brusque.* D'abord, quoi ? Qu'est-ce qu'elle me veut ?

ROSE, *qui s'est arrêtée, à l'interpellation de Follavoine.* Je ne sais pas, Monsieur.

FOLLAVOINE. Eh ! bien, allez lui demander !

ROSE. Oui, Monsieur.

(Elle remonte.)

FOLLAVOINE. C'est vrai ça !… *(Rappelant Rose au moment où elle va sortir.)* Au fait, dites donc, vous… !

ROSE, *redescendant.* Monsieur ?

FOLLAVOINE. Par hasard, les… les Hébrides… ?

ROSE, *qui ne comprend pas.* Comment ?

FOLLAVOINE. Les Hébrides ?… Vous ne savez pas où c'est ?

ROSE, *ahurie.* Les Hébrides ?

FOLLAVOINE. Oui.

ROSE. Ah ! non !… non !… *(Comme pour se justifier.)* C'est pas moi qui range ici !… c'est Madame.

FOLLAVOINE, *se redressant en refermant son dictionnaire sur son index de façon à ne pas perdre la page.* Quoi ! quoi, « qui range » ! les Hébrides !… des îles ! bougre d'ignare !… de la terre entourée d'eau… vous ne savez pas ce que c'est ?

ROSE, *ouvrant de grands yeux.* De la terre entourée d'eau ?

FOLLAVOINE. Oui ! de la terre entourée d'eau, comment ça s'appelle ?

ROSE. De la boue ?

FOLLAVOINE, *haussant les épaules*. Mais non, pas de la boue ! C'est de la boue quand il n'y a pas beaucoup de terre et pas beaucoup d'eau ; mais, quand il y a beaucoup de terre et beaucoup d'eau, ça s'appelle des îles !

ROSE, *abrutie*. Ah ?

FOLLAVOINE. Eh bien, les Hébrides, c'est ça ! c'est des îles ! par conséquent, c'est pas dans l'appartement.

ROSE, *voulant avoir compris*. Ah ! oui !… c'est dehors !

FOLLAVOINE, *haussant les épaules*. Naturellement ! c'est dehors.

ROSE. Ah ! ben, non ! non je les ai pas vues.

FOLLAVOINE, *quittant son bureau et poussant familièrement* ROSE *vers la porte pan coupé*. Oui, bon, merci, ça va bien !

ROSE, *comme pour se justifier*. Y a pas longtemps que je suis à Paris, n'est-ce pas… ?

FOLLAVOINE. Oui !… oui, oui !

ROSE. Et je sors si peu !

FOLLAVOINE. Oui ! ça va bien ! allez !… Allez retrouver Madame.

ROSE. Oui, Monsieur !

(Elle sort.)

FOLLAVOINE. Elle ne sait rien cette fille ! rien ! qu'est-ce qu'on lui a appris à l'école ? *(Redescendant jusque devant la table contre laquelle il s'adosse.)* « C'est pas elle qui a rangé les Hébrides » ! Je te crois, parbleu ! *(Se replongeant dans son dictionnaire.)* « Z'Hébrides… Z'Hébrides… » *(Au public.)* C'est extraordinaire ! je trouve zèbre, zébré, zébrure, zébu !… Mais de Zhébrides, pas plus que dans mon œil ! Si ça y était, ce serait entre zébré et zébrure. On ne trouve rien dans ce dictionnaire !

(Par acquit de conscience, il reparcourt des yeux la colonne qu'il vient de lire.)

Agnès Jaoui (1964)

Le Goût des autres, Avant-Scène Cinéma, 2000.

Comédienne de formation classique, elle a travaillé sous la direction de Patrice Chéreau à Nanterre, avant de passer à l'écriture, en collaboration avec Jean-Pierre Bacri, à qui elle confie le rôle principal dans son premier film : *Le Goût des autres*. Il y incarne un patron de PME, Castella, qui a réussi par son travail à développer son entreprise au point d'être obligé de suivre les conseils d'un jeune polytechnicien – Weber – qui, pense-t-il, le méprise parce qu'il n'a pas de diplômes. Castella est donc fort surpris par les raisons qu'invoque Weber pour démissionner.

Entrée de l'usine – Extérieur jour
252 – *Plan serré face sur Weber qui attend devant la porte. Fin de la musique.*

La porte s'ouvre. Weber se retourne. Castella sort, suivi de Moreno. Castella serre la main de Weber. Moreno dépasse Castella et sort du champ, droite caméra.

WEBER. À lundi, donc… Vous vous souvenez que c'est à 10 heures précises ?

CASTELLA *(continuant d'avancer).* Ne vous inquiétez pas, je me souviens…

WEBER. Oui, voilà… *(Castella s'arrête et se tourne vers Weber. Weber fouille dans sa serviette. Moreno revient vers Castella.)* Je voulais vous donner ça… *(Il lui tend une enveloppe, Castella la prend sans y prêter attention et fait quelques pas.)* C'est ma lettre de démission…

Castella se retourne vers Weber, l'air surpris. Moreno sort du champ, droite caméra. Plan rapproché de Castella et Weber qui se font face. Castella est de dos, Weber de face.

CASTELLA. Ah bon ?… Vous voulez partir ?

WEBER. Oui. Je crois sincèrement que je ne vous conviens pas. J'ai retourné le problème dans tous les sens, et je n'ai pas trouvé de solution. *(Castella, l'air embêté, regarde ailleurs, à droite, à gauche, par terre.)* Je crois malheureusement que la situation ne changera jamais. Quels que soient les efforts que je pourrais faire… Vous m'avez jugé depuis le début, parce que je ne fais pas partie de votre monde… Vous dites que je parle comme un ministre, c'est vrai… *(Castella le regarde.)* Oui, je parle comme un ministre, c'est ma formation, on m'a éduqué comme ça… J'ai essayé de faire autrement, j'ai fait de mon mieux pour me faire accepter, pour vous plaire, mais il faut bien se rendre à l'évidence, j'ai échoué… Voilà, donc je pense qu'il vaut mieux que je m'en aille… *(Un temps.)* Bon… À lundi.

Weber avance face à la caméra et sort du champ droite caméra. Castella le regarde s'éloigner.

CASTELLA. Weber… *(Castella fait quelques pas face caméra.)* Weber… *(Weber revient dans le champ droite caméra. Plan rapproché des deux hommes, Castella est face caméra, Weber de dos.)* Ça m'arrange pas que vous partiez… Vous voulez pas réfléchir un peu… ?

WEBER. J'ai réfléchi… C'est pour ça que je vous ai parlé. Parce que j'ai réfléchi.

CASTELLA. Eh oui, mais… C'est dommage, parce que… Je me rendais pas compte… Moi, je croyais que c'était vous qui me méprisiez… Excusez-moi si je vous ai fait du mal… Je m'en rendais pas compte… Vous voulez pas y penser encore un peu… ? Avant de prendre une décision ?…

Un temps. Castella observe Weber qui ne dit rien. Castella lui tend sa lettre de démission. Weber hésite puis la prend et sort rapidement du champ par la droite.

On reste sur Castella en plan serré qui lentement fait quelques pas face à la caméra, l'air préoccupé.

Dans une séquence précédente, c'était au tour de son épouse d'être surprise par les goûts d'un mari auquel elle accorde, il est vrai, un peu moins d'attention qu'à son chien…

Maison des Castella – Intérieur jour
200 – *Plan rapproché de Castella dans son salon. Castella va et vient, pensif, puis s'approche du tableau qu'il vient d'acheter et qu'il a accroché au mur.*
Le tableau contemporain détonne au milieu des autres tableaux représentant pour la plupart des bouquets de fleurs. Il sort du champ, droite caméra. On reste sur le tableau, Castella rentre à nouveau dans le champ, droite caméra, et ressort, gauche caméra.
201 – *Plan rapproché de l'entrée. La porte s'ouvre. Angélique entre, une baguette de pain à la main. Elle accroche son foulard à une patère.*
ANGÉLIQUE *(En accrochant son sac, elle jette un œil dans la cuisine.)* Oh! tu es déjà là?…
Pano vers la gauche. Plan large de la cuisine vue de l'entrée. En premier plan la porte grande ouverte de la cuisine, à droite caméra une grosse plante verte dans l'entrée. En arrière-plan, Castella est assis à la table de la cuisine, penché sur un verre.
ANGÉLIQUE *(off)*. Tu devrais pas, chou, c'est que du sucre, l'alcool…
Angélique sort du champ, droite caméra, Castella ne bouge pas, il est devant son verre d'alcool qu'il caresse pensivement d'un doigt.
ANGÉLIQUE *(off, du salon)*. Qui est-ce qui a mis ça?! Qu'est-ce que c'est que ce truc?!?
Fin de la musique. Angélique entre dans la cuisine, par une autre porte, droite caméra.
CASTELLA *(atone, levant les yeux vers Angélique plantée debout devant lui.)* C'est un tableau, je viens de l'acheter.
ANGÉLIQUE. C'est toi qui as acheté ça?!? Mais pourquoi?

CASTELLA. Parce qu'il me plaît… Je le trouve beau.

ANGÉLIQUE. Ah non, non, mais c'est terrible ! Tu vas pas laisser ça en plein milieu !?!

CASTELLA *(grave)*. Angélique… Il me plaît, ce tableau… *(Un temps.)*

ANGÉLIQUE *(Elle le regarde un instant.)* Oh là là, je ne m'y fais pas du tout à cette tête, ça me fait drôle à chaque fois…

CASTELLA. Tu veux pas venir t'asseoir à côté de moi ?…

Un peu interdite, Angélique le regarde, pose sa baguette de pain sur la table de la cuisine et s'assoit sur le tabouret près de son mari. Le chien Flucky pose ses pattes sur les genoux d'Angélique. Castella enlace le bras d'Angélique, se penche vers elle et enfouit sa tête au creux de l'épaule de sa femme.

ANGÉLIQUE. Qu'est-ce qui se passe ? Qu'est-ce qu'il y a ? Ça ne va pas ?

CASTELLA *(off)*. Non.

ANGÉLIQUE. Pourquoi ?

CASTELLA *(off)*. Je… Je sais pas…

ANGÉLIQUE *(au chien qui lève son museau vers elle)*. Tu veux un gâteau ?…

CASTELLA *(prenant la question pour lui)*. Non… non…

Jean-Michel Ribes

Théâtre sans animaux, Acte Sud-Papiers, 2001.

Acteur, metteur en scène, réalisateur, écrivain, Jean-Michel Ribes occupe avec succès la scène théâtrale depuis plus de trente ans, sur les boulevards. Sa dernière pièce, *Théâtre sans animaux* (Molière 2002 de la meilleure pièce comique), est composée de neuf petites pièces « facétieuses » dont l'une s'intitule « *Tragédie* » : elle met en scène un couple, Jean-Claude et Louise, qui vient d'assister à une représentation de *Phèdre*, dans laquelle le rôle-titre était interprété par la sœur de Louise : Simone.

JEAN-CLAUDE. Qu'est-ce qui te prend à parler comme ça, sans t'arrêter ? On vient d'entendre ta sœur pendant presque trois heures et demie, parler, parler, parler, j'ai cru mourir, et toi maintenant tu t'y mets !? C'est une histoire de fou ? C'est contagieux ou quoi ? Si tu dois continuer, dis-le-moi tout de suite, parce que je te préviens, avec toi ce ne sera pas comme avec Simone, je sors, je fous le camp de ce théâtre et je ne reviens pas, tu m'entends, Louise, je ne reviens plus jamais… je suis à bout…

LOUISE. Tout ça parce que je te demande d'être poli avec ta belle-sœur !

JEAN-CLAUDE. Parce qu'elle l'a été elle, sur scène ? ! parce que c'est de l'art, c'est poli ?… parce que c'est classique, c'est poli ? parce que ça rime, c'est poli ? C'est ça ?

LOUISE. Tu n'es quand même pas en train de m'expliquer que Racine est mal élevé ? ! ?

JEAN-CLAUDE. Ta sœur m'a torturé, Louise, tu m'entends, torturé pendant toute la soirée.

LOUISE. Tu es au courant, j'espère, qu'au Japon la grandeur suprême pour le samouraï blessé à mort est de dire « bravo » à son adversaire.

JEAN-CLAUDE. C'est un mauvais exemple. Je hais le Japon.

LOUISE. Dommage, un peu d'Extrême-Orient aurait pu t'aider.

JEAN-CLAUDE. M'aider à quoi ?

LOUISE. À mieux comprendre, à mieux TE comprendre, en oubliant deux petites minutes ta tête d'Occidental buté.

JEAN-CLAUDE. Louise, ne va pas trop loin, je t'ai prévenue, je suis à bout !

LOUISE. Parce que figure-toi, quand le samouraï blessé à mort dit « bravo » à son adversaire, ce n'est pas pour le féliciter, c'est pour l'humilier.

JEAN-CLAUDE. Ah bon !

LOUISE. Bien sûr. C'est la vengeance suprême. Ton sabre a meurtri mon corps, mais mon âme est intacte, et elle te dit « bravo ». Voilà la victoire, la vraie ! « Bravo »… Car en vérité en disant bravo à son adversaire c'est à lui-même qu'il se dit bravo, bravo d'avoir dit bravo à son bourreau… Maintenant si tu refuses de te dire bravo en disant bravo à Simone, c'est ton affaire…

JEAN-CLAUDE. Un homme qui n'a pas hurlé pendant cette représentation ne peut pas se dire bravo, Louise ! Quand je pense que j'ai supporté ce supplice sans broncher, comme un lâche, sans rien dire, pendant très exactement deux cent vingt-trois minutes et dix-sept secondes !

LOUISE. Ah oui ! ça j'ai vu, tu l'as regardée ta montre !

JEAN-CLAUDE. Tout le temps ! À un moment j'ai même cru qu'elle s'était arrêtée, pendant sa longue tirade avec le barbu, le mari, ça n'avançait plus. Je me suis dit, la garce elle nous tient, huit cents personnes devant elle, coincées dans leur fauteuil, elle nous a bloqué les aiguilles pour que ça dure plus longtemps !… Je ne sais pas comment j'ai tenu, je ne sais pas…

LOUISE. Oui, enfin n'exagère pas, tu n'es pas mort.

JEAN-CLAUDE. Non, c'est vrai… et tu sais pourquoi, Louise ? parce que je me suis mis à répéter sans arrêt un mot, un seul mot, un mot magique : entracte ! ENTRACTE !… Mais il n'est jamais venu, jamais ! Cinq actes sans une seconde d'interruption, Louise, tu appelles ça la civilisation ?

LOUISE. Quinze ans d'attente, Jean-Claude, quinze ans que Simone attend d'entrer à la Comédie-Française ! Ça y est, c'est fait, elle est engagée ! Et miracle, on lui offre le rôle dont elle rêve depuis toujours ! Ce soir pour la première fois de sa vie, elle vient de jouer *Phèdre* dans le plus prestigieux théâtre d'Europe, et toi, son beau-frère, tu refuses de lui dire « bravo », juste un petit bravo ! Qu'est-ce que tu es devenu ? un animal ?

JEAN-CLAUDE. Elle vient de jouer *Phèdre* pour la première fois de sa vie!? Tu te moques ou quoi? Et le jour de notre mariage, tu as oublié peut-être? Elle en a déclamé un morceau en plein milieu du repas, comme ça, sans prévenir personne, même qu'après les enfants ont pleuré et qu'aucun invité n'a voulu danser et que mon père a gueulé sur le tien! Elle nous a foutu une ambiance de merde avec sa vocation et ses alexandrins!

LOUISE. C'est maman qui lui avait demandé, pour nous faire une surprise.

JEAN-CLAUDE. La surprise ça a failli être que je quitte la table, Louise, la table du plus beau jour de notre vie! Il fallait que je t'aime pour rester immobile, vingt minutes, le couteau planté dans le gigot, pendant que l'autre hystérique beuglait sa poésie en se caressant les seins! Et vingt ans après elle remet ça, l'intégrale en plus, et tu voudrais que je lui dise « bravo » à cette grosse vache!

LOUISE. Jean-Claude!!

JEAN-CLAUDE. Quoi Jean-Claude! Elle a pris vingt kilos, Simone, vrai ou faux?!

LOUISE. C'est humain, c'est l'angoisse d'attendre ce rôle, quinze ans d'angoisse, forcément elle a compensé par la nourriture… mais franchement ce n'est pas ça qui compte.

JEAN-CLAUDE. Quand on est habillée en toge, ça compte quand même un peu!

LOUISE *(toise Jean-Claude et calmement lui demande)*. Pourquoi tu es venu, Jean-Claude?

JEAN-CLAUDE. Pardon?

LOUISE. Pourquoi tu m'as accompagnée à cette générale?

JEAN-CLAUDE. Tu plaisantes?

LOUISE. Pas le moins du monde, tu connais la silhouette de Simone, tu savais qu'elle allait jouer *Phèdre*, pourquoi tu es venu?

JEAN-CLAUDE *(hurle)*. Parce que ça fait trois mois que tu me bassines jour et nuit avec la première de ta sœur qu'il ne faut manquer sous aucun prétexte, la soirée du 24 février a été soulignée en rouge sur tous les calendriers, tous les agendas, c'est devenu une fête familiale… Chez nous, cette année, on aura eu Pâques, Noël et *Phèdre*! Et à ce propos, je te signale que ni ton père, ni ta mère, ni ton frère ne sont là ce soir!

LOUISE. Elle n'avait que deux places pour la première!

JEAN-CLAUDE. Et pourquoi c'est tombé sur nous?! POURQUOI!!!

Pierre Bourdieu (1930-2002)

L'Amour de l'art, Éditions de Minuit, 1969.

Normalien (philosophe) de formation, professeur au Collège de France, infatigable militant de la lutte contre la mondialisation économique et contre le *fast thinking* («pensée rapide») médiatique, Pierre Bourdieu a fait de la sociologie un «sport de combat» (*cf.* p. 121). Son ouvrage le plus représentatif en matière de sociologie de la culture : *La Distinction* (1979) traite notamment de la correspondance entre «la production des biens et la production du goût». Constat sociologique qu'on trouve déjà dans *L'Amour de l'art,* ouvrage collectif présentant les résultats d'enquêtes sur la fréquentation des musées d'art, menées dans plusieurs pays européens. L'extrait suivant est tiré du commentaire introductif à la deuxième partie qui traite du lien entre «œuvres culturelles et disposition cultivée».

La statistique révèle que l'accès aux œuvres culturelles est le privilège de la classe cultivée; mais ce privilège a tous les dehors de la légitimité. En effet ne sont jamais exclus ici que ceux qui s'excluent. Étant donné que rien n'est plus accessible que les musées et que les obstacles économiques dont l'action se laisse percevoir en d'autres domaines sont ici de peu, on semble fondé à invoquer l'inégalité naturelle des « besoins culturels ». Mais le caractère autodestructif de cette idéologie saute aux yeux : s'il est incontestable que notre société offre à tous la *possibilité pure* de profiter des œuvres exposées dans les musées, il reste que seuls quelques-uns ont la *possibilité réelle* de réaliser cette possibilité. Étant donné que l'aspiration à la pratique culturelle varie comme la pratique culturelle et que le « besoin culturel » redouble à mesure qu'il s'assouvit, l'absence de pratique s'accompagnant de l'absence du sentiment de cette absence, étant donné aussi qu'en cette matière l'intention peut s'accomplir dès qu'elle existe, on est en droit de conclure qu'elle n'existe que si elle s'accomplit ; ce qui est rare, ce ne sont pas les objets, mais la propension à les consommer, ce « besoin culturel » qui, à la différence des « besoins primaires », est le produit de l'éducation : il s'ensuit que les inégalités devant les œuvres de culture ne sont qu'un aspect des inégalités devant l'École qui crée le « besoin culturel » en même temps qu'elle donne le moyen de le satisfaire. […]

L'œuvre d'art considérée en tant que bien symbolique n'existe comme telle que pour celui qui détient les moyens de se l'approprier, c'est-à-dire de la déchiffrer.

BIBLIOGRAPHIE

• **Œuvres de Yasmina Reza**

– *Théâtre : Conversation après un enterrement, La Traversée de l'hiver*, Albin Michel, 1998.

– *Hammerklavier*, Albin Michel, 1999.

– *L'Homme du hasard*, Actes Sud-Papiers, 1995.

– *Une désolation*, Albin Michel, 1999.

– *Le Pique-Nique de Lulu Kreutz*, Albin Michel, 2000.

– *Trois Versions de la vie*, Albin Michel, 2000.

• **Ouvrage sur le théâtre contemporain**

– Colette Godard, *Parti pris*, J.-C. Lattès, 1980.

• **Revue bimensuelle sur le théâtre contemporain**

– *L'Avant-Scène Théâtre*, 6 rue Gît-le-Cœur, 75006 Paris (tél. : 01 46 34 28 20).

• **Critiques sur l'art moderne**

– Willem de Kooning, *Écrits et Propos*, coll. « Écrits d'artistes », École nationale supérieure des beaux-arts, 1992.

– Kazimir Malevitch, *Écrits*, Champ libre, 1975.

– Gilles Deleuze, *Francis Bacon : la logique de la sensation*, La Différence, 1996.

FILMOGRAPHIE

• **Théâtre de Yasmina Reza enregistré pour la télévision**

– *« Art »*, mise en scène de Patrice Kerbrat, avec la distribution de la création (Vaneck, Arditi, Luchini).

– *Trois Versions de la vie*, mise en scène de Luc Bondy pour le théâtre de Vienne.

• **Documentaire**

– Pierre Carles, *La Sociologie est un sport de combat*, éd. Montparnasse, 2001. Bonne introduction à la sociologie contemporaine et aux notions mises en œuvre dans la pièce *« Art »* (liens entre domination culturelle et domination économique).

• **Film de fiction**

– Agnès Jaoui, *Le Goût des autres*, Distribution Pathé, 2000. Comédie de mœurs à six personnages appartenant à des milieux sociaux différents, qui se croisent, s'aiment, se méprisent, se découvrent, grâce notamment à leur goût… pour l'Autre ou pour l'Art.

INTERNET

• **Sur Yasmina Reza**

– http ://archives.nouvelobs.com/

– http ://livres.lexpress.fr/entretien.asp
– http ://www.lepoint.fr/theatre/document.html
• **Sur l'art moderne**
– http ://www.editionsmontparnasse.fr, pour la collection « Palettes » (voir notamment Bacon, Kandinsky, Warhol).

VISITER

Tous les musées d'Art moderne du monde, et spécialement ceux de Paris, Nice, New York, Amsterdam (liste non exhaustive !). Et à défaut de les visiter, visitez leur site...
– Centre national d'art et de culture
Place Georges-Pompidou – 75004 Paris – Métro : Châtelet ou Rambuteau
Tél. : 01 44 78 12 33
http ://www.centrepompidou.fr
– Musée d'art moderne de la ville de Paris
11, avenue du Président-Wilson – 75016 Paris – Métro : Alma-Marceau
Tél. : 01 53 67 40 00
http ://www.mairie-paris.fr/parisweb/fr/visiter/musees/mamvp/collections.htm
– Musée d'art moderne et d'art contemporain
Promenade des Arts – 06300 Nice
Tél. : 04 93 62 61 62
http ://www.mamac-nice.org/
– Museum of Modern Art (MOMA)
53, rue Ouest – New York City
http ://www.moma.org
– Guggenheim Museum (collections permanentes)
5e Avenue (et 88e Rue) – New York City
http ://www.guggenheim.org
Une annexe à Soho (angle Broadway et Prince) présente aussi des expositions temporaires d'art moderne.
– Whitney Museum of American Art
Avenue Madison (et 75e Rue) – New York City
http ://www.whitney.org/index.shtml
– Stedelijk Museum
Paulus Potterstratt 11 – Amsterdam
http ://www.stedelijk.nl/eng/index.html

Dans la collection

SÉRIES COLLÈGE ET LYCÉE

1 **Mary Higgins Clark,** *La Nuit du renard*

2 **Victor Hugo,** *Claude Gueux*

3 **Stephen King,** *La Cadillac de Dolan*

4 **Pierre Loti,** *Le Roman d'un enfant*

5 **Christian Jacq,** *La Fiancée du Nil*

6 **Jules Renard,** *Poil de Carotte* (comédie en un acte),
suivi de *La Bigote* (comédie en deux actes)

7 **Nicole Ciravégna,** *Les Tambours de la nuit*

8 **Sir Arthur Conan Doyle,** *Le Monde perdu*

9 **Poe, Gautier, Maupassant, Gogol,** *Nouvelles fantastiques*

10 **Philippe Delerm,** *L'Envol*

11 *La Farce de Maître Pierre Pathelin*

12 **Bruce Lowery,** *La Cicatrice*

13 **Alphonse Daudet,** *Contes choisis*

14 **Didier van Cauwelaert,** *Cheyenne*

15 **Honoré de Balzac,** *Sarrasine*

16 **Amélie Nothomb,** *Le Sabotage amoureux*

17 **Alfred Jarry,** *Ubu roi*

18 **Claude Klotz,** *Killer Kid*

19 **Molière,** *George Dandin*

20 **Didier Daeninckx,** *Cannibale*

21 **Prosper Mérimée,** *Tamango*

22 **Roger Vercel,** *Capitaine Conan*

23 **Alexandre Dumas,** *Le Bagnard de l'Opéra*

24 **Albert t'Serstevens,** *Taïa*

25 **Gaston Leroux,** *Le Mystère de la chambre jaune*

26 **Éric Boisset,** *Le Grimoire d'Arkandias*

27 **Robert Louis Stevenson,** *Le Cas étrange du Dr Jekyll et de M. Hyde*

28 **Vercors,** *Le Silence de la mer*

29 **Stendhal,** *Vanina Vanini*

30 **Patrick Cauvin,** *Menteur*

31 **Charles Perrault, Mme d'Aulnoy, etc.,** *Contes merveilleux*

32 **Jacques Lanzmann,** *Le Têtard*

33 **Honoré de Balzac,** *Les Secrets de la princesse de Cadignan*

34 **Fred Vargas,** *L'Homme à l'envers*

35 **Jules Verne,** *Sans dessus dessous*

36 **Léon Werth,** *33 jours*

37 **Pierre Corneille,** *Le Menteur*

38 **Roy Lewis,** *Pourquoi j'ai mangé mon père*

39 **Charles Baudelaire,** *Les Fleurs du Mal*

40 **Yasmina Reza,** *« Art »*

41 **Émile Zola,** *Thérèse Raquin*

42 **Éric-Emmanuel Schmitt,** *Le Visiteur*

43 **Guy de Maupassant,** *Les deux Horla*

44 **H. G. Wells,** *L'Homme invisible*

45 **Alfred de Musset,** *Lorenzaccio*

46 **René Maran,** *Batouala*

47 **Paul Verlaine,** *Confessions*

48 **Voltaire,** *L'Ingénu*

49 **Sir Arthur Conan Doyle,** *Trois Aventures de Sherlock Holmes*

50 *Le Roman de Renart*

51 **Fred Uhlman,** *La Lettre de Conrad*

52 **Molière,** *Le Malade imaginaire*

53 **Vercors,** *Zoo ou l'Assassin philanthrope*

54 **Denis Diderot,** *Supplément au Voyage de Bougainville*

55 **Raymond Radiguet,** *Le Diable au corps*

56 **Gustave Flaubert,** *Lettres à Louise Colet*

57 **Éric-Emmanuel Schmitt,** *Monsieur Ibrahim et les fleurs du Coran*

58 **George Sand,** *Les Dames vertes*

59 **Anna Gavalda, Dino Buzzati, Julio Cortázar, Claude Bourgeyx, Fred Kassak, Pascal Mérigeau,** *Nouvelles à chute*

60 **Maupassant,** *Les Dimanches d'un bourgeois de Paris*

61 **Éric-Emmanuel Schmitt,** *La Nuit de Valognes*

62 **Molière,** *Dom Juan*

63 **Nina Berberova,** *Le Roseau révolté*

64 **Marivaux,** *La Colonie* suivi de *L'Île des esclaves*

65 **Italo Calvino,** *Le Vicomte pourfendu*

66 *Les Grands Textes fondateurs*

67 *Les Grands Textes du Moyen Âge et du XVIᵉ siècle*

68 **Boris Vian,** *Les Fourmis*

69 *Contes populaires de Palestine*

70 **Albert Cossery,** *Les Hommes oubliés de Dieu*

71 **Kama Kamanda,** *Les Contes du Griot*

72 **Bernard Werber,** *Les Fourmis* (vol. 1)

73 **Bernard Werber,** *Les Fourmis* (vol. 2)

SÉRIE ANGLAIS

1 **Roald Dahl,** *Three Selected Short Stories*

2 **Oscar Wilde,** *The Canterville Ghost*

3 **Allan Ahlberg,** *My Brother's Ghost*

4 **Saki,** *Selected Short Stories*

5 **Edgar Allan Poe,** *The Black Cat,* suivi de *The Oblong Box*

6 **Isaac Asimov,** *Science Fiction Stories*

7 **Sir Arthur Conan Doyle,** *The Speckled Band*

8 **Truman Capote,** *American Short Stories*

affliger

Couverture
Conception graphique : Marie-Astrid Bailly-Maître
Photo : Fabrice Luchini, dans une mise en scène de Patrice Kerbrat à la Comédie des Champs-Élysées (26 octobre 1994) © Brigitte Enguerrand.

Intérieur
Conception graphique : Marie-Astrid Bailly-Maître
Édition : Fabienne Hélou
Réalisation : Nord Compo, Villeneuve-d'Ascq

20, rue Berbier-du-Mets, 75013 Paris
www.magnard.fr

Aubin Imprimeur - *Ligugé, Poitiers*   Achevé d'imprimer en août 2005
Dépôt légal : juin 2002 / N° d'impression : L 68783
N° d'édition : 2005/392 – Imprimé en France